所有的动力都来自内心的沸腾

毕淑敏 著

中国青年出版社

目 录

第一辑 不怕的人面前才有路

阿里的开阔和博大，让我与大自然格外亲近，同时也让我感受到了人的渺小、生命的脆弱，萌发了珍爱生命的念头。

第二辑 在广阔或狭窄的地方发芽生长

成功好比是一座小山，一个准备走很远的路的旅人，站得高了，才会看到目的地的篝火，他会加快自己的脚步。

第三辑　你付出的每一颗糖都去了该去的地方

人只有把自己锤炼得更坚强更优秀，命运才会叹息着服从你。真正的上帝之手是没有的，如果一定要寻找，它其实就是你自己。

第四辑　每个人的心中都有一个理想国

经历了大境界，便不会觉得人生黯淡，反而会觉得这个世界真是美妙绝伦。在世界的进化链上，每个人虽微不足道，却可以而且应该为世界增添一些美丽。

目 录

第五辑 即使在暗夜跌倒

新鲜的痛苦固然令人阵痛恐惧，但还不是最糟。我们可以在悲愤之后，化痛苦为激励。最可怕的是痛苦的腐烂和蔓延，那将不可收拾。

第六辑 不要让他人偷走你的梦想

我用一生的时间，说明了一个道理，人只要全力以赴地钻研某个问题，就有可能最大限度地逼近它的真实。

第七辑　孤独地漫游，像一朵云

当你找到了适合自己的减压方式后，胸中的块垒会松动出些微的空隙。坚持下去，持之以恒，那么也许在某一个清晨醒来的时候，你会冲出压力的重围，轻松地飞翔起来。

第八辑　终有一粒种子为你带来整个春天

如果你做不到一件事，无论是搞好关系还是寻找爱人，都是因为你还没有真正想做。只要你想，天地万物都会听从一个指令，齐心协力地帮助你、提携你。这指令，出自你的心。

跋

第一辑

不怕的人面前才有路

阿里的开阔和博大，
让我与大自然格外亲近，
同时也让我感受到了人的渺小、
生命的脆弱，
萌发了珍爱生命的念头。

绝望之后的曙光

我们五个女兵于1969年4月被分配到西藏阿里军分区，分区是1968年成立的，所以说我们是阿里军分区的第一批女兵。我是1952年10月出生的，当时是十六岁半。

过“五一”了，说有一辆大轿子车和一辆大解放车结伴上山，让我们5月2日9点到大门口集合。当我们按照预定时间准备上车的时候，才发现探家回来的干部战士早就上了车，黑压压地把大轿子车的位子都坐满了。那时候的军人多半来自乡下，没有照顾女士的概念，况且他们原也不知道会有女兵上山，就满车寂然一言不发地盯着我们看。我是班长，看看车子最后一排还能挤进两个人，就叹了一口气说，三个人上解放车大厢板，两个人留在这辆车上，等明天咱们再内部调换一下，自己把苦乐均均吧。

从喀什到狮泉河，那时要走六天。六天当中，没有哪位男性军人愿意把他们的座位让给这些年轻的女孩子们，我们就自己互相帮助。道路极其颠簸，在一次最剧烈的晃动中，一个女兵的头把大轿子车的天花板顶碎了一个洞。那个女兵姓孙，疼得抽噎起来，满车的男军人们一阵哄笑，说，你是孙猴子，有一个铁打铜铸的脑壳，把车都毁了。

六天的路程，山高水远。我坐在解放车的大厢板上，穿着大头鞋，裹着皮大衣，蜷缩成一团。从车篷布的缝隙中看着阿喀孜达坂和界山达坂上纷飞着的鹅毛大雪，听着缠有防滑链的车轮在雪地和碎石上辗过的细碎声响，觉得我以前在北京温暖家中读书的日子，是一个梦。六天中，没有任何阿里的男性军人们给过我们丝毫关照。当我们终于在第六天夕阳西下的时候到达狮泉河镇，迎接我们的阿里军分区卫生科的领导又表现得匪夷所思。他们围着我们五个人转了好几圈，然后面面相觑毫无表情地走了。

五个女兵站在荒凉的戈壁上，完全不得要领。我至今仍要感谢大脑缺氧和严重的高山反应所带来的木讷和迟钝，让我们在这段不知道有多久的时间内，没有哭，没有叹息，也没有思索，一言不发。在这段思维空白的时间里，我看着远处的夕阳像一张金红色的巨饼，无声无息地缓缓降入峰峦之口，大地变得一片苍茫。

等卫生科的领导再次出现的时候，就很热情了，连连说着“欢迎你们”，接过了我们的背包和脸盆。

科长后来解释他们的做法：曾经收到过南疆军区的电文，说是给卫生科派去了五名卫生员，但并没有说明是女子。在我们之前，阿里军分区从来没有女兵，所以他们头脑中也没这根弦。接站时刻，突然发现来者是女孩子，遂大吃一惊措手不及。他们原本是把我们分散安排在各个男兵宿舍，一见之下情知不妥，赶紧回去倒腾房子。

我们五个都是 1969 年的兵，2 月入伍，在新兵连集训了两个月，学的都是齐步走投弹射击什么的，其余的时间就是种菜送粪，并没有经过任何医学训练。到了卫生科，马上安排我们到病房工作，连最基

本的肌肉神经在哪里都不知道，就让我们开始上班了。

那时病房有十二张病床，经常住得满满的，还要加床。记得第一天打针，老卫生员告诉我，你在病人的半边屁股上画一个“十”字，然后在“十”字外四分之一处把针戳进去就行了。千万不要打到靠内侧啊，那样伤了神经，会把人打瘫的。

这番话他跟我说过好几遍了，可我还是下不了手。老卫生员说，这又不是扎你自己，有什么可怕的，一狠心一咬牙就攮进去了。

我说，这跟学木匠可不一样，人都是肉长的。

老卫生员说，人肉可比木板软多了。

不管他怎么说，我还是没法上阵。老卫生员一副恨铁不成钢的模样，答应我先在棉被上练习一下。我表示可以一不怕苦二不怕死在自己身上练习，但肌肉注射这个事，只能在别人身上练习，自己就不太好操作了。过了好几天，当我在棉被上扎得基本熟练之后，才推着治疗车进入病房。我的第一针是给一个叫作“黄金”的战士，注射青霉素。老卫生员说得不错，人的肌肉比木板好扎多了，比棉被也要容易进针。扎完之后，黄金一股劲地感谢我，说一点都不疼。我自己知道这是为什么。因为用的劲过大，针头全部飞快地刺进肌肉，所以几乎不疼。缺点是这样进针十分鲁莽，如果针断在皮肉中，取出来就很困难。算这位黄金战友命大，既不感觉到疼，也没有碰上断针这样的倒霉事，过了一关。

1970 年年底，要开始野营拉练了。我们都纷纷写决心书，报名参加拉练，要求到火线上去锻炼。繁忙的准备工作开始了，主要是给自己做一口锅，以便独立野炊的时候能吃得上饭。具体方法是，先用

锉刀把罐头盒锉开，这样才能最大限度地保存罐头盒盖子的完整，在做饭的时候少跑一点气。然后在罐头盒盖子（现在已经变成锅盖子了）上凿个小洞，在罐头盒锅体上也穿个小洞，两洞合一，用铁丝拧紧，简易小锅大功告成。

出发的前一天，我们把拉练需要携带的物品——比如枪支弹药、红十字包、干粮袋、帐篷雨衣、被褥行李等等，都背在身上，跳上磅秤一量，将近两百斤。那时我们的基本体重（穿上棉袄棉裤绒衣绒裤大头鞋，带上皮帽子）大约是一百二十斤。也就是说，负重在七十斤以上。

出发了。

风餐露宿，跋山涉水。1971 年 1 月，数九寒天，阿里高原最寒冷的日子。日日急行军，给我留下最深印象的是从葛尔昆沙到班卡的一段路。设定的行军路线图要翻越无人区，路上完全没有水，所以要每人背上一块冰。也没有柴草，要背上牛粪。当天赶不到班卡就没有地方宿营，必须要走一百二十里山路。大约是早上 3 点钟，队伍启程了。

一百二十里路，在海拔五千米以上的高山之巅，就是巨大的挑战了。上午还好，虽然气喘吁吁，总算不掉队地走了下来。中午吃饭的时间到了，要求各自起火。我们先是把背上的冰取下来，砸成小块，放到罐头盒的小锅里，然后再找到几块小石头，把罐头盒垫起来，算作灶台。再把牛粪干塞到石头的缝隙里，点火开始做饭。等到水开了，把干粮袋里的生米下锅，米熟了，就可以开饭了。

这个过程说起来简单，其实不易。单是在大风中划着火柴，就要费半天的功夫。火柴梗丢了一地，还是无法引燃，我向战友借打火机。他说，这里海拔太高了，打火机也很难打着，我的打火机有个外号，叫作“半个世纪”。

他以为我一定会好奇地问打火机为什么要叫“半个世纪”，我又累又饿，根本没心情说话。他只好自己说下去，因为要连续打五十几下，才能冒出火苗。我好不容易把牛粪火点燃，瞬即又被大风吹熄，只得重点。几番折腾之后，冰融化成了点点滴滴的水，发出嗞嗞啦啦的响动。我赶快抓起一把生米下锅，罐头盒内又无声无息了。千呼万唤好不容易才把米泡开，我尝了一下基本上可以吃了，却不料一不小心，支撑罐头盒的石头晃了一下，整个盒子倒扣下来，湮灭了牛粪火，所有的米粒也都洒在外头，白花花一地，马上冻结在石头上，没法吃了。

欲哭无泪。因为各自起火做饭，罐头盒就那么一点大，别人的饭食也很有限，我不能求助。正在想着是不是重新煮米，出发的号声响了。

一座险峻的高山横在路上。到了傍晚的时候，只爬到半山，饥寒交迫，我只觉得自己再也坚持不下来了，心跳得好像要从嗓子里喷出来，喉头咸腥，一张嘴仿佛会血溅大地。背上交叉的皮带，一条属于手枪，一条属于红十字包，如同两条绞索，深深地嵌进了肩骨。两腿沉重如铅，眼珠被耀眼冰雪刺得发盲，不停地流泪……我问自己，人这样活着还有什么意义？我身上的所有感官，感受到的都是痛苦与折磨，这样的生命，我再也不想拥有了。我要结束生命，从此长眠，埋骨雪山。

我认真地开始寻找致死的机会。我想，第一要像失足落下悬崖，这样就算因公牺牲，我就会被追认为烈士，对家里人也就有个交代了。第二是不摔则已，要摔必死。因为如果不死，只是断了胳膊折了腿，还得劳烦战友们下到谷底抬着我走。艰苦行程中，人人自身难保，再负重行军，我就成了罪人。第三，必须摔得粉身碎骨，让人从高处一看就知道根本找不到我的尸骨，放弃寻找，给大家方便。

这三条想好之后，我已抱定了必死的决心，只剩下具体实施了。我原来以为死是比较容易的事情，其实真要寻死，也并不简单。第一次，我看好了一个地方，就要放开攀岩的手的时候，突然发现底下的石头不够尖锐，摔而不死就糟糕了。第二次选中的地方，又觉得那里的积雪太厚了，也难以一摔致命。第三次，怪石嶙峋积雪菲薄，摔下去必死无疑，但因为是在队列中行进，我后面的那个人亦步亦趋跟得太紧，如果我一失手坠落，背上凸起的背包在堕下的过程中挂上他，他在毫无准备的情况下，很可能被我牵连着一同摔下去……

我不能伤了战友的生命。机会稍纵即逝，我眼睁睁地看着那块最佳的自杀之地离我远去。天不可阻挡地黑下去了，天黑之后，自杀就变得更为困难。主要是看不清地形，如果摔不死的话，就会被活活冻死，那太可怕了。我不怕死，可我害怕慢慢地煎熬。

寻死不得，你就只有像架机器似的向前向前……队伍中是不能容忍停滞不前的。完全没有了思想，没有了方向，只有挺进。周围是一片黑暗，我从来没有见过那样黏腻厚重的黑暗，头脑中也是一片黑暗，如同最深的海底，渺无希望。

大约到了半夜 3 点钟的时候，我们终于抵达了班卡哨所。我们不停顿地行走了二十四个小时，气温是零下三十八度。

那天晚上（正确地讲应该说是黎明），我以为自己会蒙头大睡，不想脑筋却冰雪一样清冷。我想，人在最艰苦的时候，常常会产生绝望，以为自己就此倒下，一了百了。但只要不懈地坚持，其实也没有什么了不起的，曙光会重新出现。

1980年我转业回北京。受理户口的民警登记时问我：你一入伍就分到西藏阿里军分区，一直到转业，都是在这个单位工作吗？我说，是。我当兵十一年，只在一个单位工作过，那就是西藏阿里军分区。

第二十九枚元素

我的大学时代，是在“文革”当中度过的。工农兵学员，一个被历史雪藏的名词。

那时，我在西藏阿里军分区卫生科当卫生员。海拔五千多米的高原，我们五个女孩是第一批女兵。1972年的一天，领导通知我说，速去乌鲁木齐报到，新疆军区军医学校在若干年停顿之后，今年第一次招生。只分给了阿里军分区一个名额，首长们经过讨论，决定让你去。本来，是要送你上军医大学的。但是，去年（1971年）林彪自我爆炸，他在总后勤部的死党，曾在各个军医大学为他的儿子挑选妃子，那里都是重灾区，到今天清查还没搞完，不知道今年军医大学还有没有招生的可能了。十鸟在林，不如一鸟在手。如果让你死等着军医大的名额，怕太悬。所以，不如先到新疆军医学校去学吧。

按说，我听到这个消息，该喜出望外才对。且不说我能回到平地，吸足充分的氧气，让自己被紫外线晒成棕褐色的脸庞得到休养生息，就是从学习的角度讲，在重男轻女的部队，能够把这样一个宝贵的名额分到我头上，也是天大的恩惠了。但是，记忆中，我似乎真是无动于衷的。也许是雪山缺氧把我的人脑纤维冻得迟钝了，淡漠了高兴也淡漠了庆贺。我很平静地听完了这个指示，然后收拾起自己简单的行李，从雪山走下来，奔赴乌鲁木齐。

自从我 1969 年从北京到西藏当兵，那种中心和边陲的、文明和旷野的、优裕和茹毛饮血的、高地和凹地的、温暖和酷寒的、五颜六色和纯白的……一系列剧烈反差，已在我的心底搅起了沧海桑田的变化。面临死亡咫尺之遥，面壁冰雪整整三年，我再也不是当初那个天真烂漫的城市女孩，内心已变得如同喜马拉雅万古不化的寒冰般苍老。我不会为了什么事件的突发和变革的急剧而大喜大悲，只会淡然承受。况且，在心底深处，我知道自己是优秀和努力的。我认定有一天，天道酬勤，我该有一个机会。现在，这个机会不过是如约而至，还没有我想象中的那般完美，怎会欣喜若狂?

不过，我也并非修炼到波澜不惊的境界。

久居高原，对平原已很陌生。当汽车从高原俯冲而下，汹涌的绿色惊涛骇浪般扑面而来的时候，顿生出惊骇的恐惧。在阿里，除了冰峰就是雪原，冰冷的银色世界中，连眼光都被冻得单调和脆硬了。长达数年的日子里，几乎完全和绿色隔绝。当你的生命和一种人类与生俱来的颜色相阻断，那是怎样让人无法接受的空白啊！当你无助地绝望地被迫地忍受了它，甚至在痛苦的分离之后，决然地将它彻底忘怀，否定了它的存在之后，突然在某一个清晨，它裹着辣透咽喉的饱满空气，一下子扑入你的眼帘。厚而浓烈的绿浪，呛得你连睫毛都滴下绿来，那种令人窒息的震慑，那种荒疏了的陌生和熟稔，那种痛彻肺腑的激荡，让我失声痛哭。

到学校报到后，得知将举行一场入学考试。校方一再解释，同学们都是各部队选送来的出色人才，并不是借此想查出谁不合格，好把

人退回去，学校绝无此意。因为中断教学多年，教员们对同学们的水平不摸底，不知道怎样才能让大家学得更好，故设计了这样一场入学考试。不论成绩如何，都与入学资格无干。

话虽这样说，大家还是很紧张。彼此都是各部队来的，谁也不认识谁。大眼瞪小眼的，估计就是想作弊，也弄不清哪个基础好些哪个不好，也不晓得从哪方面复习。一时间，很有黑云压城的惶恐。

也许因为在阿里山上寂寞惯了，我很少同人搭话。并不是喜好孤独，只是习惯使然。进入考场，在指定的座位坐下，见我的同桌是一位男生，憨厚样子。

第一轮是考语文。好像有些语法的题目，重点是一篇命题作文。我在京读书时，是外国语学院附属学校的学生，文科乃长项。我看了看题目，略作思考。按要求需感怀时政，范围很宽，也没有字数的限制。我想，既然是摸底考试，校方无非是想知道大家的文字水平。既然如此，我只需通畅达意即可。想定，掉笔写下一篇几百字的短文。

毕竟是考试，心绪紧张。唰唰挥笔的时候，顾不上看我的同桌一眼。待我写完了，才向他的桌上扫去。不是想作弊，只是想看看他写了多少。不看不要紧，一看，吓我一大跳。啊呀呀！厚厚一沓纸，起码两千字以上。该男生还意犹未尽地甩着胳膊，一副大干快上的模样。

我呆呆地坐着。因为规定统一收卷，即使答完了，也不得提前退场。百无聊赖，看周围的同学，都是洋洋洒洒数千言的架势，庄重得仿佛在撰中央两报一刊社论。我不禁惶然，自己是否太大意轻敌？但木已成舟，我不可能重写。况且，我是个散淡的人，心想，这文章就算差，也在及格水准之上吧？行了。

到了交卷时间，绝大部分同学都未结稿。教员抢卷，不肯宽宥。于是，同桌愤然而忧戚地说，精彩部分还没写到呢，完了！

接下来是考数理化，三科合在一张卷子上。别的题目已然淡忘，但有一题，记忆犹新——要求写出三十个化学元素符号和对应的汉字称呼。

题出得真绝。你若是有化学基础，此乃小菜一碟，实不足挂齿。如果你没有学过，那真是叫天天不应，叫地地不灵。哪怕给你一本化学书，现抄也不知如何下手。

我是初中六八届的毕业生，也就是说，“文化大革命”开始的时候，我正在上初中一年级，按理说是没有学过化学的。但因我们学校教学进度很快，为了保证学生们在高中阶段能有更充沛的精力学习外语，就把一些课程提前教授了。再者我在阿里时做过化验员，常配化学试剂，就自学了医用化学。虽不系统，但这种题目难不住我。

K—钾，Na—钠，Cl—氯，Ca—钙，S—硫，C—碳，O—氧，N—氮……一路写下来，我很快答完了。

看同桌，冥思苦想，钢笔头几乎被他咬得掉下渣来。一眼瞟过，我见他已写了几排符号，不时地停下来，数。左数右数上数下数……看来已经写出了大部分，但尚未凑够三十之数，因此焦灼不已。

快！告我几个元素！趁教员的视线向其他方向飘荡的时候，他悄声对我说。

天啊！我虽然很想帮他，但我从小到大从未在考场作过弊，毫无经验，根本不知如何帮起。

别急，再想。我对他说。

不行，就知道这几个，都写上了。再也想不出了，你得帮。语文已经铁定不及格了。要是这门再不及格，就会被退回去……他低着头，目不斜视，绝不看我，好像很认真地在审查自己的卷子，嘴唇却急速抖着，清晰地用密音传达着他的意思。

也许是因为坐得很近，我深深地感受到他此刻的煎熬和恐惧。是啊，虽然校方说此次考试的成绩和退学与否没有关系，但是谁能保证呢？倘若真被退回，该是怎样的尴尬和悲伤！

我不敢再想下去了，赶紧用手指在桌面上画了一个“O”，然后也用气声说，氧……

他怔怔地，居然完全没有反应。

他没想到我这么爽快地就开始帮他，没看清我刚开始的笔画，傻愣着，我急了，连声说，氧氧氧……

前排的同学很在意地回了一下头，惊奇地看着我。我猜他听到了我的声音，以为我被蚊子猛叮了一口或是犯了荨麻疹，在说“痒痒痒”。

半天，也许是一个世纪。倒霉的同桌才缓过劲来，说，这个，会。写了。

唉！轮到我垂头丧气了，痛责自己，谁不知道氧呢？你可真笨！

此刻，我已发现要实施援助的高难度了。我们不可能完整地看到对方的卷子。即使我费尽心机地传达了一个元素符号，保不准他早已写下了。无效，且冒着被发现后同归于尽的危险。

然而没有更好的办法。时间流逝，距离交卷越来越近。我只有采取广种薄收的办法，助他夺路而走。

他的元素数目，在危险和艰难之中缓慢顽强地攀升着。当他写下第二十九枚元素的时候，我简直已经被这种无穷的惊吓和苦难的援

手，耗尽了心血。我想，还不如干脆被教员当堂抓住好了，也强似这般心惊肉跳的折磨。但同桌“嗷嗷待哺”的目光，让我无法退却。

不想，这最后一个符号，硬是千呼万唤写不出。每当我绞尽脑汁地密告同桌一个元素的时候，他总是飞快地示意，有了……

只得重来。

在整个作弊的过程当中，我不断低语和比画，动作频繁幅度显著。然同桌一个否定的眼神，我便前功尽弃，只得重开操练……纵使危险我已置之度外，但无功而返的失望和沮丧屡屡打击我。

我几乎再也想不出可以向他提供的元素了。我的化学基础本是三脚猫，高度紧张之下，记忆枯竭。

反正，二十九了。差一，有什么？教员以为，数错了，你漏写。得，就这样吧。我垂头丧气把脸对着过道，不看他，预备“金盆洗手”了。

别。无论如何，再告一个。一或二十九，一样！没用。求！他很痛苦地说。

为什么？我吃惊。一个和二十九个，怎能一样？

写满，三十个。老师知你学过，相信。还能再……三十个。不到数，半路出家，基础差。淘汰，靶子，先剔你……同桌很绝望地说。

我惊愕极了。

时至今日，我首先怀疑当初在考场上，能说那么多的话吗？纪律森严啊。回忆的结果是，以上所录，是准确的。也许当初具体吐出的词句，没有如此详密，但辅以眼神的交换，就表达了繁多的信息流量。特殊情境下，人可通灵啊。

我的同桌执意不肯停留在二十九枚元素符号的纪录上。我看到他痛彻心扉的苦恼和孤注一掷的决绝。

我不知道怎么帮他。也许只剩下一个法子，就是把我的卷子铺在他面前，由他抄去。

即使我敢，他敢吗？

铃声响了，教员们已经开始掠卷。我心中突然如黑夜的霹雳激闪了一下。我毅然决然地竖起手指，狠狠戳向教室的天花板。然后，把嘴唇嘟成一个女高音歌唱家的样子，做公鸡打鸣状。

我的同桌愕然地看着我，顺着我的手指看了看天花板。一挂日光灯，中央亮两端暗地悬在半空。他确知我的行为是有深远意义的，但是他破解不出。

我奋不顾身地重复着我的动作——指天，嘟嘴，呜呜吹气……正在收卷子的老师，讶然地看着我，以为我受了什么刺激，大喜过望或是悲痛欲绝？也许打算讲出什么惊世骇俗的话来？

我只一味坚持姿势。

在教员就要收到同桌的卷子前的一刹那，他在纸上写下了第三十枚化学元素符号——W—钨。

看着他写完，我一屁股瘫在椅子上，殚精竭虑。我叹服同桌的出类拔萃。我的意思是：房顶上有一个灯泡，灯丝是钨做的。在那种慌乱紧骤的气氛之下，他能从日光灯推延到白炽灯，鬼使神差地破译了我的密码，不服行吗？！

校方讲评考试成绩的时候，说，同学们水平不差。有的作文写得很好，记者来采访，说要把我们的一份卷子拿到报上去登。

后来我才知道，那篇卷子，是我的短文。

我和我的同桌，经过了那样忧患与共的时刻，在以后的学习过程中，反倒很是疏远，从未有过深交，且再也不曾提起过这段考场双簧。可能他不希望回忆这段紧张的煎熬吧。在我，也有不堪回首的感觉。那是我生平第一次协助他人作弊，良心与精力所受的折磨，都使我后怕久久。

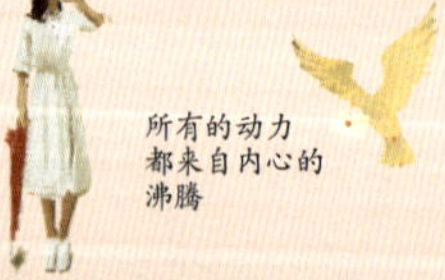

猜猜那个人是谁

那一年，我刚满二十岁，是实习军医。刚当医生的女孩，别提多自豪多骄傲了，真想照好多幅照片，对全世界的人宣布，我是大夫啦！

可我所实习的驻军医院，在新疆一座偏远的小城，根本就买不到胶卷，只得给远在北京的妹妹写信，叫她给我寄来。关山迢迢，第一次寄来的胶卷照出相灰蒙蒙的，一点也不威风。战友们戏昵说，别是你妹妹给你买的胶卷是处理的吧？

这当然是绝不可能的。只怨路途遥远，路上大概经了雨雪风霜，曝了光。

只得要妹妹重寄。这回胶卷一到，马上邀了几个要好的朋友，星期天起个大早，一同留影。

先照了几张合影。年轻的女孩总是这样，她们以为友谊会一辈子常青。今天我重新面对那些稚嫩得仿佛滴下水来的脸庞，有许多已叫不出名字。

然后各自单兵教练。她们都是护士，就照了许多用大号注射器从盐水瓶子里抽药的照片，你照完了我照，眼睛都亮晶晶的。为表示无菌观念强，全戴着大口罩。我说，你们这么照，寄回家去，你妈妈认得出来是你吗？

她们一起回答：看眼睛啊！

是啊，每个女孩青春的眼睛都是不一样的。我怎么连这都不懂？

轮到我照了。我是医生，所取的姿势就同她们不一样。我潇洒地披着白大衣，把听诊器看似很随意实则很精心地挂在脖颈上，双手老练地插在衣兜里，在病房走来走去，挑病情不太重的病人做我的道具。那些慈祥的维吾尔族老人和腼腆的小战士，都温和地服从我的检查。我做出给病人检查的架势，然后对着镜头微笑，要拿机子的人快照。

胶卷像线轴一般卷过去。只剩下最后一张了，摄影师郑重地宣布。我们突然有了片刻的沉默，该照的都照了，好像不知如何处置这最后一张胶片。

“你们照一张当医生的相吧。”我说。因为在我照相的时候，我看到她们眼里跃跃欲试的闪光。

那怎么行呢！我们是护士啊。她们羞怯地推辞着，但眼里的光更密集了。

那时的部队，等级观念森严。你是护士，若要模仿医生，就是不安心本职工作，罪名不轻。

“怕什么呀？我们不过是玩玩的。再说，现在时候这么早，没有人会看到你们的。只要你们自己不说，我是永远也不会说的。没准你们以后自己也当医生了，那这张照片只不过算是提前照了一点，不会怪你们的！”我起劲地鼓动她们。

“好吧……那就依你说的办……”她们中的两个胆大的决定一试。

其他的人也保证绝不泄露。

摄影师忠实地跟着我们，表示一定把这张照片拍出水平。

现在轮到我们费斟酌了。她俩不敢到病房里像我那样大张旗鼓地招摇，我们就决定把背景迁到医生睡觉的值班室。所以墙上贴有两张地图，这在正规的病房是不允许的。所以面向走廊的窗户上隔有浅浅的纱帘，这也是病房不曾配备的设施。

好像万事俱备了。两位勇敢的女兵换上了医生的白大衣（护士的工作服样式不同），脖子上也悬挂起具有象征意味的听诊器……我们突然发现了致命的缺憾，那就是——谁来扮演病人？！

虽说病室里的任何一位病人，都志愿为辛勤服务的白衣天使充当这一角色，但出于道义和保密的要求，我们不能再劳驾他们。

好了，现在你想想还能让谁来出任这一艰巨的形象？

那几个连当医生的魄力都没有的小女兵，自然不会在这最后一张底片上留下倩影。

既然这主意是我所出，关键时刻就该挺身而出。

义不容辞！

于是有一个人，她脱了鞋躺在医生值班室的床上，手搭在手上冒充病人。因为她实在没有生病的经验，竭力想做出呻吟的表情，可脸上还是笑眯眯。她本该躺下，那样才更像重病卧床沉疴不起。可因为摄影师是个年纪轻轻的小伙子，她有点不好意思，就取了相片上半坐的姿势……那两个充作医生的女孩，多少有些拘谨，她们毕竟没有真正地诊视过病人。不过这并不妨碍她们以后都成了优秀的医生。不知道是不是这张照片在冥冥之中暗示？

现在，你可猜出相片上的病人是谁？

针刺合谷穴

西藏那时兴中医针灸，比如肚子痛，就要用银针扎腿上的足三里；头痛，就扎脖子后面的风池穴，据说很灵验。

我说的第一次扎针，不是别人给我扎针，而是我给别人扎针。

按说这不是太难的事情，反正痛的是别人，我们只要把针戳进去就是了。事先我们熟记了穴位，练习了“补”和“泄”的针法。大伙儿甚至还在彼此的身上试扎过几次，取得了经验。所以，比起打针来，我要有信心得多。

真刀真枪上阵的日子终于到了，医生叫我去给一个上海人扎针。处方上写着“牙痛。合谷穴，强刺激，留针十分钟”。

我带着消毒好的针夹，走到上海人跟前说：“你的牙现在是不是痛得很厉害？”

他吸溜着凉气说：“是啊是啊。”

“马上你的牙就不痛了，伸出你的手来。”我说。

精明的上海人不肯服从我的指挥，追问道：“干什么？”

我抽出银针说：“给你扎个针。”

他立刻把手背到身后，说：“我只知道中国有句古话，叫头痛医头脚痛医脚，还真不知道有牙痛医手的。”

我说：“头痛医头的是庸医，牙痛医手的才是良医。喏，这是医生的处方，你可以看一看。”

上海人真的把医生的处方拿去研究了一番，才把手从后面摊了出来。我捏着针刚要扎，他大叫一声说：“这么长的针，还不把我的手心钻个窟窿？你有没有搞错？蚊子叮一下都要把人痛煞，这根针一扎进去，还不得把人痛昏？我不扎了！本来牙痛就够难熬的，再加上手痛，岂不雪上加霜了？！”

我解释说：“这针虽长，但是很细，不是很痛的；我再给你扎得快一些，并不像你想象的那么可怕。”

他嘴一撇说：“我的肉又没长在你身上，所以，你说话轻松。你是一个新护士，我早就调查清楚了，你才扎过多少针？不过是拿我当试验品罢了。”

我一听，急了。说：“谁拿你当试验品了？我们早在自己身上试验过了。”

上海人眼睛一亮，透出一丝信任，但紧接着又被狡猾所代替。他说：“我不信，你们无病无灾的怎么肯在自己身上扎针？十指连心，谁不知道！”

我气愤地说：“你怎么这么不相信人呢？我们当然扎过了。”

他咧着嘴说：“空口无凭，你要是当着我的面，也在自己的合谷穴上扎个针，我就信了你，我就肯扎针了。”

我一下子愣了，想不到他提出了这样一个刁钻的要求。要是我不答应，这个调皮捣蛋的人，就不会让我给他扎针；医生的医嘱执行不了，是我的失职。我一狠心说：“好啊，我就当着你的面给自己扎一针。你看清楚了，而且要说话算数。”

上海人立刻来了精神，看好戏一样地坐直了身子，说：“只要你给自己扎了针，我就一定扎！”

事情僵到这儿，只能向前不能退后，我咬着牙用自己的右手给自己的左手消毒。清凉的酒精涂在手上，有一种寒冷的感觉。

面对一双挑剔的眼睛，我不但需要操作得毫无失误，还得自始至终笑容可掬。

我用右手捏着针，瞄着左手的虎口说：“我……就要……开始了。”

上海人不屑地说：“我看你比画了半天了，为什么还不扎进去？我知道你是胆小了，凡事都是说别人容易，自己一干就露馅。”

我吃了一惊，不知道自己已经摆好架势许久，并不敢真扎下去。

说实话，自己给自己扎针真是一件恐怖残忍的事情，你明明没有病，却要用自己的手把一个尖锐的针芒刺进肉里。纵使你的意志命令你这样做，你的身体也出于本能反抗你。我们以前虽也练过扎针，那都是给别人扎，而且是在腿上肌肉不敏感的地方；这一回是在手上，真是下不了决心哪。

但为了工作，我只有把这根针扎进去。我一狠心，自己对自己说：“这不是我的左手，这只是一块木板。”我这样想着，就把针尖扎进了皮肤。

面对上海人咄咄逼人的目光，我一直保持着平静的微笑。进针的瞬间有电灼样的震颤感，脸上的肌肉可能跳了起来。但我马上便开心地咧了嘴，装出那是一个笑容的前奏。

我相信这一切都做得很成功，近在咫尺的上海人什么也没发现，他吃惊地说："看来真是不很痛的，你的眉毛也没动一下嘛！"

那根我亲手插进自己皮肤的银针，很稳当地立在我的虎口处，好像一根小小的旗杆。

后来，我很顺利地给上海人扎了针。以后再碰到害怕扎针的病人，上海人就很热心地说："这个护士扎针技术很好，你就放心让她扎好啦。"

可是，我心里对上海人总有个疙瘩。

所有的动力
都来自内心的
沸腾

刀下留情

在我没当医生以前，想象中的手术刀长而弯，极锋利的样子，像杀西瓜用的。第一次看到手术刀，心情——好失望。

它是那么的小，像一枚银色的柳叶。配上精致的手柄，亮闪闪，像一把西餐具。

做手术就用这一种刀吗？我不死心地问。总觉得作为执掌人类生命的兵器来说，它似乎太轻盈了。

做手术又不是杀猪，只有凶器才是又大又狠的。你见过绣花吗？绣花针都是很小的，做手术是很细致的活。老医生对我说。

医生这个行当，说科学，它是极缜密的，动不动就给你分析到分子水平亚分子水平。但有时它又是极云山雾罩的，似是而非模棱两可地涂满灰色。医生老了就是个宝，像摸爬滚打多年的老农，懂得这一行里许多心领神会的秘诀。医学在某种意义上是经验科学，像木匠一样需要手把手地教学。

手术刀片很锐利，我用它削过铅笔，比任何转笔刀都好使。偶尔也用它削过苹果，不过刀柄的角度是为了切割人肉而准备的，于削果子并不相宜。

执手术刀有多种姿势，就像拿筷子有多种姿势，不强求一致，只要把饭送到嘴里就行。比较常见的执刀姿势叫执笔式。不是执毛笔，是执钢笔式。只不过笔写下的是字体，而刀写下的是血痕。

我第一次给人动手术的时候，操刀的手不住颤抖。手术台是用白巾围起来的，病人仿佛被罩在一顶帐篷里，看不见头脸。盖肚子的地方留出一道布缝，其下裸露一段洁净的皮肤，这就是拟下刀子的场所。

手术台以右侧为尊（假如医生不是左撇子）。老医生站在左边，充当我的助手。他高耸的颧骨把口罩顶得很高，目光炯炯地瞪着我。

我潇洒地执着刀，在病人的皮肤上鸡啄米似的比画着，就是切不下去。皮肤显出不真实的惨白，刀尖的点戳下有细小的血珠毛茸茸地渗出，像雪原上奇怪的小红果。施了麻醉，病人安然躺着，并不觉得疼。

快点。老医生对我说。这句话没出声，只他的口罩动了动，我猜出他说的是这两个字。

我已经在底下千百次地练过下刀子了。我切过布，切过树叶，切过冻猪肉……我觉得自己已经杀气腾腾，像孙二娘似的了，可事到临头就是下不去刀。

老医生不耐烦地咳嗽了好几声，我知道他已忍无可忍。

去他的吧！口子又不是割在我身上，我为什么要缩手缩脚！一狠心，切下去就是了！反正打了麻药，他是绝不知痛的。不开刀，他肚子里的块痞怎么能取出来？不下决心戳下这第一刀，我又怎能成为一个好医生？千万别把他当成人，就把他当成案板上的一条鱼或者干脆就把他当成木板……

我的心渐渐凝固，直直地将刀尖抵住他的皮肤。可能是铁器冰凉，肌肉猛地跳弹蹿起老高。我吓得魂飞胆战差点把手术刀扔在地上。

他是一个人，是一个活生生的人。

老医生的眼睛恶狠狠地瞄准我。我知道再延宕下去，我就跟战场上的逃兵差不多了。我一咬牙，把刀子立起来，像根棍似的捅了下去……

我原以为人的肉是很硬的，这错误大概源于冻猪肉的感觉。我将永远记住手术台上这个年轻士兵的皮肤，像洗过的梨子一样清新柔软，雪白地绽开了。

我以为会有汹涌的血立即将这残酷的缝隙填满，想不到肌肤洁净地敞开着，肌纤维像新锯开的木板，纹理清晰。

这个人难道没有血液吗？我惊愕之极。甚至怀疑刀法是否犯了严重的误差，要不然这个人为什么不出血呢？

我在等待出血。平日我们总是把伤口和出血连在一起的，焦灼中，瞬间无比漫长。

其实在伤口和出血之间是有一段明显的空白。健康的血管突然斩断时，会惊吓得目瞪口呆，猛地缩回去。片刻之后，才会清醒地流出血液。

快切。在血还没有溢满创口的时候，一气呵成。老医生命令我。

因了我的迟疑，那刀口出现了一个顿挫。好像临帖时一竖没写完，突然停了笔，接下去再写时，无论怎样用心，终没有原装的严丝合缝。

我不知那个年轻的士兵现在何处。他可记得身上不直的刀口，出自一个女医生最初的刀锋。

以后的操作就比较顺利了，我已在台下演练过无数遍。只要不时时想着白布下是一个大活人，我就肆无忌惮地飞针走线刀兵相见。

手术在某种意义上就是在人身上做一场针线活。把皮肉裁开，把破损了的赘处剪了去，拼拼接接修修补补，尽可能周全地把人再囫囵缝起来。不能把坏的留下来，也不能把好的浪费了去。一针一线，细细地缝，密密地缝。要缝得结实，要缝得妥帖。要是给年轻的女孩做手术，更得缝得匀称美观。人的肌肤是一种特殊的料子，外科医生是生命的裁缝。

小毕医生，你没有发现我对你很不错吗？有一天，老医生笑眯眯地对我说。

没有……我没有……发现。我结结巴巴地说。我只发现老医生对我比对别人更严厉。

我认为你将来可以成为很优秀的外科医生，当然这需要培养。老医生很严肃地说。

我惊诧莫名，我受宠若惊。那一刹那，我被这神圣的事业所感动。

世界上的刀，都是以杀戮为目的。唯有小小的手术刀，刀锋下淌着浓烈的情。

背着药包上学堂

天下雨。水珠的项链无休止地敲打着窗户，比平日更早地醒了。

从家里到鲁迅文学院，要坐两个小时的公共汽车。两年研究生读下来，往返路程加在一起，抵得上一次长征了。

躺在床上，真希望天永远不要亮。

天没亮，人却要走了。

到处黑洞洞的，便有半夜鸡叫的感觉。

公共汽车牌下孤零零地站着一个人。那是我。整个城市还在睡梦之中。

远远有橘黄色的灯光逶迤而来，渐次将周围晕染得一团光明。

车来了，为我一个人停下，心中便充满了温馨和感激。在这风风雨雨的绝早的黎明，几个素不相识的人为了你而忙碌。在他们也许是应该，在我，却有一种对人类之间精巧分工的敬意。

我无法在车上背单词或是记概念。大都市的乘车，是一项重体力劳动。扭头去看大街，城市每天都是新的。雨伞像蘑菇似的滋生在亮晶晶的柏油路面上，骑车人雨衣飘荡，像鸥鸟飞翔。

路走了一半，雨停了。到了换车的地方，风冷冷地像谣言似的自背后袭来。该吃点东西御寒了。

路旁有个女人在卖煎饼。读书这两年来，眼见得她手上的金戒指越戴越多，如今右手上已有四个。看她磕鸡蛋，推面糊，手起手落地劳作，心中便很怜悯她。一天操持下来，这许多金属坠在腕上，便相当于一场举重比赛了。

吃了女人的煎饼，前心后背长了精神。一辆原本挤不上的车，竟贴了进去。

城市是车的沼泽。紧赶慢赶，望到鲁迅文学院白色的教学楼时，恰恰到了上课的时间。

“今儿个晚喽！”看门兼打铃的老师傅，眯眯笑着对我说。

“不——晚！”我急煎煎往楼上跑，顾不得还他一个笑。

“别慌！等你上了楼，我再打铃。”

在文学院读书的日子里，不知可有细心的同学发现了这个秘密。有的早晨，那铃声会晚响一两分钟，陪着我走进教室。

同学们都端坐着，枯燥而温暖。他们在校，以逸待劳，可我的十分精力已耗掉了一半。

然而一切才刚刚开始。

我从未正正规规地学过文学。一位主治医师，抛了自己所熟知的生理病理药理，听陌生的文学美学哲学，扪心自问，是否同自己过不去？三十多岁的女人，离开舒适的房子和温馨的家，在风雨迷蒙的清晨，发缕湿淋淋地赶到这里，究竟是为什么？

我不知道。

也许这是我冥冥之中的天数，也许这是我人生中必遭的劫难。也许爱好是最好的老师，也许是对死亡的恐惧和对生活的顿悟……

也许什么都不因为，只缘北京师范大学和鲁迅文学院合办的研究生班录取了我！

当学生的，就该把学业完成好。

这是上小学一年级时，妈妈对我说过的话。我将铭记终生。

上午的课结束了，大家夹着书籍本册，蜂拥着往楼下走。每逢这一瞬，我便感动，觉得下了课的我，与半日前去上课的我，已有了某些不同。

午饭吃饺子。白菜馅，只有极少的肉，煮得又轻，菱形块的菜叶，顽强地立在饺子皮里。

吃了饭，背起书包。

“毕淑敏，下午有家编辑部来座谈，你不参加了？”有位同学高声叫喊。

“真抱歉！我得走了。”

真是个恋家的女人！

不知有没有人这样背后指点过我。我不是回家，是去上班。我是一家有两千工人的工厂卫生所的所长。一边上学，一边上班，整个学生生涯，肩上都背着一具无形的药箱。

一路颠簸。当我就要走进我的卫生所时，我停下脚步，站在天空下，深深地吸了一口气——好像人们要下潜到幽暗的海底前所做的准备动作。

我不知道世上可有比我这个所长更小的官，但它却给予我深重的繁难。

下个月需买的药品该造表了……义务献血的名单务必落实……所里两位更年期的大夫吵起来了……领导有了病要到家去诊看……

一个泪水涟涟的女人，坐在我的椅子对面，脸上泥泞不堪。

“所长，我已等你多时。我的丈夫得了癌症……”

我给她倒了一杯水，轻轻地推送到她面前。所有的文学，所有的艺术，都被这女人滂沱的泪水冲向远方。她说得很对，我是所长。所长此时该干的事，就是尽量减轻她丈夫的痛苦……

住院难，住院难！我得派一个得力的医生去联系此事，也许还得备一份薄礼……

我像一架高速运转的机器，处理着一位所长应当承担的事务。上午那些关于文学的清谈，已像一个神秘遥远的童话。

终于，下班了。

现在，最严重最迫切的问题是：今天晚上全家人吃什么？

这是主妇们永恒的命题。我常常面对这道题踌躇不安。不是因为金钱的拮据，而是靡费不起时间。

在背着课本和工作总结的书包里，再塞进去一把菜豆角。

一边做饭，一边背我的单词。

一边炒菜，一边记一个概念。

我不是一个优秀的学生，但我是一个用功的学生。

晚饭以后的时间，是属于我的儿子的。既然我把他带到了这个世界上，总还要扶上马再送一程，教他怎样长大，怎样做人。

夜色终于将所有的空气都染黑了。躺在床上，伸直百骸，只听得所有的骨节都咔吧作响，好像它们就要在某一处折断。小时候听人说，骨头响是要长个了。

枕头好像是薄荷做的，不催人入眠，反令人警醒。一个萤火虫似的光亮从远处飞来，闪烁着精灵一般的色彩。

这是什么？

这是一篇小说最初的种子，竟在这样的疲惫困倦之中，诚实地谦逊地来拜访我了。

我在暗夜中睁着眼睛，看见它埋进记忆的梯田里，在干旱与贫瘠中，顽强地生长着，抽出柳条一般的叶，开出星星点点火苗一般灿烂的花……

心中的死结

我很小的时候，大约四五岁吧，有一次看到人们抬着一个奇怪的箱子在走。我问别人，箱子里是什么？旁人随口回答，那是棺材，里面有一个死人。我又问，他们要把他抬到哪里去？人家回答，抬到土里去。

这就是我对死亡最初的理解，觉得很不舒服。我想，一个人躺在土里，鼻孔里会有蚯蚓在爬，眼皮里夹满了沙子，饿了吃不到饭，冷的时候，虽说有箱子盖挡着风雪，也会冻得打战。

后来我成为医学院的学生，解剖尸体是必修课。我因为来自高原，算是经历了艰苦的考验，大家希望我能做个表率。我也不愿意被人家说女孩子胆小，就装作无所畏惧的样子，要求第一个开始操作。那种在死人身上动刀的恐惧经历，刻骨铭心（你切开一个人，他却不出血，你不知道他究竟是人不是人）。表面上还要装作从容镇定，谈笑风生，心中的感觉更是骇异。

特别是我所解剖的那具尸体，是一个死刑犯，当天上午处死他之前，还让他站在车上游了街。当时我站在路边，车子驶得很快，人脸晃过都很模糊。在解剖的时候，我不能确定自己早上是否看到过他

（因为同时执行死刑的还有其他人），就不由自主地仔细察看他的脸和表情，觉得他痛苦而狰狞，在恨我。他的灵魂盘踞在充满福尔马林气味的解剖室里，威胁着我（当我此时写到这里的时候，心跳急剧加快，呼吸感到十分紧迫，好像有什么爪子扼在喉咙处）。

后来我当了实习医生，我医治的第一个病人是位中年妇女，肾衰竭，已到晚期。她的死亡来得十分急骤，那天晚上别人都去看电影了，老医生也不在。我正在写病程记录，护士突然报告说病人呼叫我。我赶到她身边，她死死地抓住我的手，说："小皮（她是南方人，总把毕说成皮）医生，我好难受啊……"我急忙听诊，她的胸膛里，已是无边无际的沉默。我开始抢救，但采取的所有急救措施都宣告无效。后来老医生来了，看了记录，说我很恰当地实施了一个医生的职责，干得不错，但我还是非常沮丧。

她的丈夫那天晚上看电影回来，放声痛哭，急着问，谁最后在她身边？我说，是我。他又问，她最后留下的一句话是什么？我本来想如实相告，但又一想，那位丈夫因为妻子逝去时，不在她身边，已充满内疚，如果我再转述了他妻子临终时很痛苦很难受的遗言，是不是他会终生谴责自己？于是我咬着牙说，你妻子走得很安详，她什么也没说。

多少年来，我为自己当时的处置忧虑，不知道自己是否得体。也许，让一个挚爱自己妻子的丈夫，得知她诀别人世的真实情况，应该是更重要的选择。

后来，我当了许多年的医生，看到了无数死亡，已经可以做到心如古井处变不惊。但我自知关于死亡的恐惧和忧虑，并无缓解或消失。它们像冬眠的蛇，潜伏在我意识最深的地窖里，等待惊蛰。

再后来，我的父亲得了骨髓癌，这是一种极为恶性的疾病，治愈率为零。当我确知这一诊断结果的时候，只觉得天塌地陷。父亲以为我是医生，可以治好他的病。我承受着巨大的压力，还要不断对父亲做出光明的许诺。作为戎马一生的军人，父亲有极强的洞察力，我想他是知道一切的，但他从来没有叙述过自己的痛苦，他在最后的苦难中，对我说的是——他很幸福。

为了保护母亲和家里人，我一个人独自面对医生，把日趋恶化的各种化验报告仔细地粘贴，来回分析。我知道父亲的生命已一天天消失，再也无法挽回，我能做的只是减轻他临终的痛苦，让全家人特别是母亲，减少一些重创的剧痛。

父亲是叫着我的名字，死在我的面前的……

多年来，我无法回忆这一惨痛的时刻，我无法与任何人谈起，只有深锁心底。同母亲谈，会勾起她的痛苦；同弟妹谈，会使他们难过；同朋友谈，一般的安慰对我无效。我曾寄托于无往不胜的时间，以为它会渐渐冲淡我的痛苦。但我似乎错了，长久的时间过去了，那创伤依旧绽裂着，流血不止。只要一想起父亲，无论何时何地，我都会泪流满面。此刻，滚滚而下的泪水，已将计算机的键盘打湿。

父亲的丧礼过后，我使劲吃饭，总也吃不饱。我知道自己心理上出了毛病。因为父亲的病最初被发现，就是从体重无缘无故减轻开始的。那样强壮的人，最后被疾病摧残得虚弱无比。潜意识里，我觉得吃饭似乎可以抵挡病魔，竟视体重的不断增加为安全。

我开始恐惧医院，哪怕是极要好的朋友病了，我只肯到家里探望，绝不敢进医院的门。因为父亲逝世前一个月，我天天守在病房，寸步不离，神经对白色过敏并厌恶，我再也不想见到病床和药瓶了。

我不能参加追悼会，哪怕是极尊敬的前辈去世，家属发来治丧函，邀我参加遗体告别仪式，我都以种种理由推托，或者干脆就不给回音，让对方觉得很无礼貌。我无法面对那种氛围，恐自己失态放声痛哭。

甚至我的弃医从文，也和这段经历有很大关系。我觉得医生太无奈了，充其量只能预报病情恶化的时间，却无能为力挽救生命。我虽然可以承认这是新陈代谢的规则，但再也无法从容对待病人和家属满怀期望的眼神。我要逃避这种对视。

对于死亡的思索，使我有了《预约死亡》《红处方》这一类以生命为题材的作品，但我知道自己如果要超越生死，对死亡有一种更达观更理性的认识，还有很长的路要走。我希望自己能够摆脱“死”这个结的困扰。

独自远行的职业

热爱文学在青年当中非常普遍，想把这一爱好，逐渐升级为自己终生职业的人，也大有人在。据一位在报社工作的朋友讲，他们曾发起过一个征文，题目是“我的理想职业”，收到的稿件中，百分之九十都是表示自己想当一个文学家。

青年人选择职业，爱好肯定是极为重要的因素。但是，仅仅有爱好是不够的，还要有很多的东西。其中有一条，就是对你期望从事的这一行业，有比较清晰的了解。

文学是以语言和文字为工具的。作为本民族共享的资源，很多人忽视了它的特性。对于语言的感受，人与人之间有很大的差异和弹性。粗浅的掌握，能表达最基本的意思，便可达到一般交往和沟通的目的。但是作为文学艺术家的语言，必须有独到的特点和强烈的感染力，有时，更需将“人人心中有，人人笔下无”的境界，精彩地重现出来。

由于语言和文字的非功利性，使很多人无意中忽视了它的复杂和庞大系统。人们通常承认绘画和音乐需要对颜色和音符的特殊觉察力，却以为人人张口都能说的词语，是浅显和不需要精雕细刻的。这是一个误区。

多年以来，我收到过很多青年人的来稿，有些简直连基本的语法都欠缺，却痴迷文学，一心要成为旷世的文学家。我觉得他们大意轻敌了，忽视了文学对语言素质的精妙要求。

再一点，从事文学事业，要求对人类的心灵的探索，有持久的非功利性热爱。语言是沟通人与人的心灵最便捷的桥梁。有些写作的人标榜“写自我”，以为只是把自己的所想所思自然主义地记录下来，文章就浑然天成了。其实，文字写出来，除非你藏之深山，且不准备身后发表，否则，只要你一拿给别人看，交流就开始了。一个好的文学家，必得对人类的普遍生存状态和特殊的心灵感受有着持久广泛的关注，他不但能觉察到自己的痛苦，而且能够体验到他人的心灵。在这种交流中，完成人与人的共振与温暖，否则就是一厢情愿的痴人说梦。

写作的硬件需求比较简单，一支笔一张纸足矣，可谓成本低廉。这也就使得很多人误以为写作是可以一蹴而就的。不少年轻人把一种青年时代对社会的朦胧向往和自我的精神苦闷，宣泄到用语言组织成的流淌中。这也许是一种不错的自我疏导，但距离真正的文学作品，还有一段不短的距离。

写作需要大量的时间投入。尤其在初始阶段，没有经验的新手，需要反复的摸索和操练。虽然有少数一举成名的幸运儿，但这一专业的基本规律是投入产出不成比例。它的成品几乎没有中间状态，要么发表，要么废纸，很多心血可能付诸东流。

写作的过程是一个持续的孤独状态。即使在计算机如此发达的现代，也尚未制造出一台可以独立写出小说的电脑。写作几乎是人脑的特权，而在这一工作状态中，你注定独自前行。也许你的家人会在深夜为你端上一杯滚烫的咖啡，你会感受到他们关切的目光，但你面对稿纸的时候，依旧是无可排解的孤独。

写作这一行业，注定了孑然一人。无论你是大师还是初学者，你都是独行侠。

还有经常伴随的挫败感。你完成了一部作品，喜悦飞上了眉梢，但是，新的挑战又在不远处等待着你。每一篇作品都是新的，上一部的精彩对这一部的成功几乎没有任何关系，总是从零开始。写作是没有老本可吃的，读者是宽容的，更是苛刻的。你不可重复他人，你也不可重复自己。

写作是年轻人的事业，因为年轻的心特别敏感，他对世界的感知和认识，都有不同凡响的独到之处。他对语言的细致察觉和交流的迫切性，都使文学成为永恒。国内近来每年长篇小说的出版量都达到了数百部，新华书店的读者流和销售额屡创新高，网上更有无数的文学小屋以供练笔。据称，全国报纸副刊每天对散文的需求量是一千八百篇……文学的疆域不断拓展，展现出了前所未有的魅力。

我还想谈谈文学的危险性。首先，它是一项成功概率很低的事业。以中国大陆为例，通常以加入中国作家协会，作为中国作家的行业认可。那么，对于有着十三亿人口的中国来说，只有五千名中国作家协会会员，它的比例是二十六万分之一。在美国，自然投稿的命中率是万分之三。著名的作家海明威曾对他的儿子讲过：写作这种才能，在几百万人当中才有一个……

其二，中国历来有文字狱一说。

其三，写作收益较低，除了极少数畅销书作家以外，大多数作家

处于相对贫困的状态。作家呕心沥血写出三十万字的长篇小说，投到出版社，荣幸发表，在正常情况下，获得的报酬只有几万元（还未扣除几千元税款）。中国虽然加入了世界版权保护的《伯尔尼公约》，但对于版权的保护，还相当不完备。如果一本书畅销，盗版立即蜂拥而至，作者个人无还手之力，面临颗粒无收的局面。

其四，写作对身体的损耗较大，腰椎、颈椎疾病多发，神经衰弱、失眠更是常见。积劳成疾的大有人在。

其五，在一个商业宣传气息浓厚的时代，一部真正好的作品，有时并不会即刻得到好评，需要更广泛的时间和空间的考察。外界的评奖和评介，有时并不公正，不能恰切地反映作品的内在质量。这就需要作者有更坚强的自我评价体系，排除干扰，潜心创作，宠辱不惊，创作出真正无愧于时代和人心的好作品。

文学是一条充满了诱惑和挑战的孤独之路。在它的周围，长满了美丽的鲜花和狰狞的荆棘。如果你有足够的勇气和准备，就请在一个洒满露珠的早上，独自远行。

第二辑

在广阔或狭窄的地方发芽生长

成功好比是一座小山，
一个准备走很远的路的旅人，
站得高了，
才会看到目的地的篝火，
他会加快自己的脚步。

你站在金字塔的第几层

美国心理学家马斯洛有一段名言：“如果你有意地避重就轻，去做比你尽力所能做到的更小的事情，那么我警告你，在今后的日子里，你将是很不幸的。因为你总是要逃避那些和你的能力相联系的各种机会和可能性。”每逢读到，我总是心怀战栗地感动。

一个人就像是一粒种子，天生就有发芽的欲望。只要是一颗健康的种子，哪怕是在地下埋藏千年，哪怕是到太空遨游过一圈，哪怕被冰雪封盖，哪怕经过了鸟禽消化液的浸泡，哪怕被风刀霜剑连续斩杀……只要那宝贵的胚芽还在，一到时机成熟，它就会在阳光下探出头来，绽开勃勃的生机。

现代心理学有很多精彩的论证，这些论证不能像实证的物理、化学，拿出若干铁一般的证据，心理学的很多假说建立在对人的行为的推断和研究之上，被千千万万的人所证实。

马斯洛先生所创建的人的基本需要的“金字塔”理论，就是这样一个伟大的学说。他研究了很多人的行为和动机，特别是那些自我实现程度很高的人，之后得出了一个结论。简言之，就是在我们人类的精神内核中存在着一个内在需要的金字塔，分成了五个台阶。

在第一个台阶上，是我们的温饱需要——最基本的生存之道。饥肠辘辘，你今晚吃什么饭？是人的第一考虑。寒冬腊月，你今夜睡在哪里？是火车站的长凳还是马路上的水泥管？这都是头等大事。

当这个需要满足之后，紧接着就是安全的需要了。你有了吃、有了住，你今天的生命有了保障，可是如果你被其他的人或动物或自然界的恶劣条件所侵犯，你远期的生命就陷在水深火热之中了。因此，一旦温饱不成问题，人马上就考虑安全系数。这一点，如果你不相信，尽可以放眼看去，马上能看到富人区森严的安保设施和世上风行的形形色色的自卫器械。当你从一个熟识的环境换到一个新环境，那种不安和紧张，与陌生人交谈时的畏葸和不自在，如此等等，都从另一个方面证实了安全对人的重要性。

现在我们已经到了金字塔的第三台阶。在这个台阶上大大地写着“爱”。这不仅是男女之爱、亲子之爱、手足之爱……这些源于血缘和繁衍的爱意，还有同伴之爱、集体之爱、祖国之爱、民族之爱、文化之爱……总之，这里所提到的“爱”，有着宽泛的含义，但它是那样不可或缺，是人类精神活动的高级需要。我们常常说，一个不懂得爱的人是灰暗和孤独的。也就是说，人的精神需要如果不能完成这种超越和提升，就是饱含瑕疵的半成品。

爱之高处，就是尊严感了。人是一种特殊的动物，人是有尊严感的。一只虫子可以没有尊严，一株树木可以没有尊严，但是一个人不是这样。如果丧失了尊严感，那就不是一个完整的人了。中国的古话里有“不受嗟来之食”，有“士可杀不可辱”，有“君子一言，驷马难追”，等等，讲的都是尊严的问题。

在金字塔的最高点，屹立着自我价值的体现和追求。什么是自我

价值的最高体现——那就是充满了创造性的劳动。我以为劳动是有高下之分的，不是指在价值层面上，而是指在带给人的由衷喜悦程度上。你可以想象并同意，一个科学家在得不到任何报酬的情形下，不倦地研究某一个与现实相隔十万八千里的学术问题，比如“哥德巴赫猜想”，为自己换不到一块窝窝头，但毫无疑问陈景润乐在其中；你基本上不能同意一位老农在得知三年没有人收购麦子的情况下，除了自己够吃之外还会不辞劳苦地广撒麦种。在前者，创造性的劳动里面蕴含着极大的挑战和快乐；在后者，则充斥着重复性劳动的艰辛和疲惫。

人类精神需要的金字塔，在某种意义上讲，是一种铁律，几乎是不可逃避的。当然，我们不能想象一个人在自己的温饱都得不到保障的时候，能够像斯蒂芬·霍金那样去研究宇宙大爆炸这样的问题。这也就是鲁迅先生所说的：年轻人，一是要生存，二是要发展。有一个顺序，有孰先孰后的问题。在解决了温饱和安全这些最基本的生存需要之后，你必定要不满足，你必定要有新的追求。人类精神发育的法则，你是绕不过去的。你吃得饱了，你睡得暖了，你有大房子了，你安居乐业了，你很有安全的保障了……可是，我敢说，在心底最深邃的地方，你有火焰一样的躁动，你如果无法满足它，你就没有恒久的快乐。

让我们回到本文开端所引用的马斯洛的那段话。你以为你逃避了风险，你以为你躲避了责任，你以为你成功地掩饰了自己的才华，你以为你心甘情愿地收敛包裹自己，你就可以在人们的艳羡之中安安稳稳地过一生了吗？我相信，你可以用奢华的装备和风流倜傥的举止成功地欺骗几乎所有的人，包括和你至亲至爱之人，但是，每每月朗星

稀之时，你永远欺骗不了的一个人，就会在你独处的时候顽强地站在你的面前，拷问你、鞭挞你、谴责你、纠正你……这个人不是别人，正是你自己！由于每一个人都是那样与众不同，由于你所具有的内在生命力一直在熊熊燃烧，所以，当你完成了自己人生的台阶之后，你就要向上攀登。你只有在这种不倦的探索中才能丰富自己的人生，才能得到生命的欢愉，才能感觉到自己内在的充实和价值。

人是追求创造性快乐的动物，如同飞越大洋的候鸟脑内的罗盘，掌控着我们的一系列选择和决定。你一生将成为怎样的人？在你的价值体系里是怎样的顺序？这些看起来很浩大很空茫的标准，实际上很细致地决定着我们工作、学习、生活的各个层面。

记得我在北大讲演的时候，有同学递上来一张字条，上面写着："我智商很高，从小到大一直是班干部，考上北大更证明了我的实力。只要我愿意，继续读硕士和博士都不成问题。你说，我选择金钱作为我一生奋斗的目标，你看怎样？"我把这张字条念了。我说，我很感谢这位同学对我的信任，人生的价值是多元的，以金钱为自己终生的奋斗目标，也大有人在。但我以为，金钱只是手段，在它之后，还有更为深远的目标在导引着你。如果你唯钱是图，那么，你的周围将没有真正的朋友。因为古往今来，已经无数次地证明了，在金钱的旗帜下会聚拢来很多无耻小人。同时，你很可能得不到真正的爱情。因为爱情可以被金钱出卖，却不可被金钱所购买。那个爱上你的人，有可能不是爱你本人，而是爱上了你的信用卡。如果你把金钱当成了证明你的自我价值的工具，我要说，除了单一和狭隘，还有一种盲从，你用世俗的标准代替了内在的准星。

当然了，自我实现的路，绝不会是一帆风顺的。我们常常会遭遇到挫折和失败，但人生的价值并不在于永远是胜利和成功，而在于这个过程当中我们得到了独一无二的属于自己的体验。在生存之道解决之后，在工作中得到乐趣，就是一个极好的选择。要知道，我们每个人，一生用于工作的时间大于七万小时。可不要小瞧了这七万小时，如果你是在快乐和创造中，你是在寻找自我价值的挑战中，你的人生就会过得很充实。如果你只是为了更多的钱、更宽敞的房子、更多的应酬和名声上的虚荣，你将在七万小时甚至更多的时间里委屈着自己，扼杀着自己，毁灭着自己的自由。

我在美国印第安人的保留地遇到一位印第安族的心理学家。她说，在我们古老的印第安人那里，有一个风俗，即使自己的温饱没有解决，我们也会用自己的食物拯救他人。因为，对我们来说，帮助别人是精神的传统。我并不是要挑战马斯洛，我只是说，精神有时比肉体更重要。

这是那位印第安族心理学家最后留给我的话。

成功十二条

如何达到成功?

成功等于目标的实现。设定好了目标，就要开始行动了。这是一个非常显而易见的道理，几乎所有的朋友都知道，但知道并不等于行动，如果把目标只停留在豪言壮语的阶段，或者是写在本子上，却不能落实在行动中，那么所有的成功计划都是画饼充饥。

最诚实的措施就是要坚持到底、永不放弃。

但这也并不等于说有了坚持的精神，就一定会成功。成功不是外在的评价，而是内心的感受。

一个人在争取成功的过程中，享受到了精神的高度和心境的愉悦。如果享有了这些，最终的成败并不是最重要的，因为你已经成功了。

所以，找到你真正的兴趣所在，是非常重要的一条。

真正的兴趣是什么，要靠你自己的摸索、思索、探索，这是一个饶有兴趣但也很茫然的过程。只有找到了你真正的兴趣所在，然后致力于这个领域，你才可能找到走向成功的那条最近的道路。道理很简单：如果这是你的长项，你就会有使不完的劲儿，层出不穷的新鲜点子，就会在遇到挫败的时候依旧兴致盎然。而这些，都是成功的好伴侣。

第二条是建立起良好的人际关系。

现代社会高速发展，再不是单枪匹马的小农时代，你闷头耕地就一了百了。成功不仅仅是个人的事情，而且和整个时代的脉搏紧密相连。良好的人际关系，是加速成功的强大助力。每一个渴望成功的人，都不要闭关锁国。

第三点是永远不要期待不劳而获。

我们常常会听到很多成功者“贵人相助”的故事，包括一夜暴富的神话，都会讲得有鼻子有眼，叫你不得不信。

这个世界上一定有匪夷所思的奇迹，但更多的是持之以恒的努力和珍珠一样的汗水，脚踏实地、日复一日地在一块土地上耕耘。只要你的种子是优良的，你的方法得当，那么，即使第一年遇到风，第二年遇到雨，第三年遇到冰雹，第四年遇到蝗虫，我们仍然有理由继续期待丰收。即使在所有的岁月中都没有金黄的谷穗，你付出的劳动，大地也会收藏。

第四条也不能忘，那就是在知道做什么的同时，也牢记不应该做什么。

有很多时候，我们会遭遇诱惑。特别是在求索成功的攀登中，几乎处处潜伏着不正当手段化装的毒蛇。它们扮出笑脸对我们说，和我在一道吧，我知道一条偏僻的小路，包你可以更快地到达顶峰。如果你一动心，被蛊惑，走上崎岖的小道，等待你的就不是顶峰的旖旎风光，而很可能是悬崖峭壁。

成功不仅仅是结果，更是过程。结果可能在世俗的目光中并不辉

煌，但我们自感欣慰。

下一个要记住的是——要有计划。

很多人习惯眉毛胡子一把抓，成天忙忙碌碌以为日子充实而饱满，以为所有的努力都是在为成功添砖加瓦。殊不知计划是向导，按照事先列出的明确、细致的计划去做，就像将军战役前准备地图，这是必不可少的功课。有计划的人和没有计划的人之间的分别，在一两个月的时间可能看得不大分明，但一两年就一定会有令人惊讶不已的差距，十年数十年下来，呈现出天壤之别。

第六条，要有创新。

这是一个很简单却常常被人忽略的原则。

想想看，你期冀成功的领域已经有千百万人反复思谋探索过，好似被游览了若干年的公园。如果没有一点属于自己的独创闪光点，你如何能脱颖而出呢？压榨你的大脑吧，它具有强大的潜能。据说人的大脑可能产生三十亿个创想，这是一个了不起的数字。大脑就像一匹骏马，在好骑手的驾驭下，它会像一道闪电掠过草原，速度之快，超过所有人的想象。

第七条，请超越自己。

当你取得了一定的成就之时，超越自己就成了常常要对自己说的一句话。

也许，超越别人还是比较容易的事情，因为对手在咄咄逼人地注视着你，由不得你放松，由不得你懈怠。但是，当你到了“一览众山小”的高度，继续成功的强大阻力，有时候就来自你的故步自封。

成功如游泳，你要不间断地劈风斩浪，每当你对自己有了新的突破之时，你就又向成功的彼岸逼近了一步。

第八条有点老生常谈，那就是珍惜时间。

如果把成功比作一幅锦缎，那么分分秒秒就是织就这幅锦缎的丝线。你放弃了丝线也就是自毁了华美的锦缎。再伟大的恒星也不过是一些元素的组合，你的生命就是由看似漫不经心、无声无息的分秒集合而成的。在获取成功的列车运行图上，要有只争朝夕的精神。

如果你是一个渴望成功的人，就请认真地想想时间这个坐标系。

秒针“嘀嘀嗒嗒”重复运行，错觉主宰着我们，仿佛时间取之不尽，用之不竭。要想充分领悟时间之宝贵，就需把参照物放大。

你如果想把握光年的长度，请看银河。你如果想把握沧海桑田的长度，请看化石。你如果想把握一生的长度，请看墓园。你如果想把握一年的长度，请看麦田。你如果想把握一个月的长度，请看婴孩。你如果想把握一天的长度，请看潮起潮落。你如果想把握一个小时的长度，请看抢救心脏。你如果想把握一分钟的长度，请看上班族的打卡。你如果想把握一秒钟的长度，请看神舟飞船升天。你如果想把握一毫秒的长度，请看奥运百米争冠。你如果想把握自己一生的长度，请珍惜眼前无数个瞬间。

第九条，是不惧怕失败。

谁要说你一定能成功，请不要相信，无论他是出于怎样的善意。

谁要是说你一定会有失败，请一定相信，不管他是出于怎样的狭隘动机。

谁要是说你如果能从失败中汲取经验教训，就会向成功追近，这几乎是真理了。

你追求的成功越是高远，你遭遇失败就越是顺理成章。在这个问题上，不要以为自己是命运的宠儿，可以不经历风霜之苦，就得到梅

花之香。

善待每一次失败，把它给予的痛苦珍藏，经过发酵，酿出佳酿，保存在成功的酒窖里。

第十条，务必认真对待小事。

这里所说的小事，是那种可能积累成大事的小事，不是真正的鸡毛蒜皮。

人一生当中，有一些是纯粹的小事，一个渴望成功的人，不可以长久地关注这种小事，那会像酸雨一样磨损了你的意志，耗费了你的时间，直到最后，把你销蚀成一个浑浑噩噩的庸人。

有一些小事，就像巴西热带雨林里一只蝴蝶的翅膀颤动，有可能引发纽约华尔街的地震，你切莫麻痹大意，埋藏下隐患。有一句歌词叫作“给我给我一双慧眼吧”，据说原本是为了打击假冒伪劣商品而作，后来被人们广为传唱。只是慧眼恐怕不是什么人或是老天爷能给你的，只有靠自己的磨炼和积累，不断地擦拭。

第十一条，很简单，就两个字——顽强。

追求成功的过程中会遇到许多艰难、困苦、挫折与失败。你不打败它们，它们就会打败你。你可以被打败一次，也可以被打败多次，但只要你有顽强的意志，有不屈不挠的精神，你就可以坚持到最后。

那时，也许你仍然无法得到世俗意义上的成功，但是在精神上，你已经把成功的花冠挽在手中。

第十二条，还是两个字——坚持。

你确立了自己的方向之后，再没有什么比坚持这种品质，更朴素但又更恒久地为你提供能量了。

水滴石穿、粒米成箩，不积跬步无以成千里……讲的都是这个道理。

不要小看了坚持，能坚持的人和不能坚持的人，结果天壤之别。你可以选择一曝十寒，还是持之以恒，当你做出这种选择的时候，实际上你已经决定了自己的成功与否。

除此以外，还请记得礼貌待人，乐于助人，做事有条理，保持心情舒畅，真诚对待自己，真诚对待他人，不要自我哀怜，乐于赞扬他人，热爱学习……

看到这里，你可能会说：怎么都是些人人皆知的大道理啊？这些话，我们从小到大都听了几百遍了，有很多条在幼儿园就学过了。

是的，这些基本的道理就是我们从小就知道的。但是，你知道了，并不等于你记住了。你记住了，也并不等于你能够照着去做。只有当这些人类最基本的美德成为你内心结构的一部分，甚至融化在你的血液中，也就是进入了你的心理底层，架构起你思维的地基，你才能更快地走向成功。

如此这般，你不用处心积虑地寻找成功了，成功会一步一步地向你走来，如同你站在巨轮的甲板上，有扑面而来的风。

承认自卑，是迈开改变它的第一步

自卑的人最爱说的一句话就是——我的运气不好，总是碰上倒霉的事情，同时伴以悲切哀苦的表情。

天底下有没有倒霉的事情呢？一定是有的。会不会只落在你一个人头上呢？一定不是的。万不要发出这样的抱怨，这简直就是对厄运寄出了邀请函，还是特快专递。人的期望也是一种能量，美好的能量会召唤来天使，邪恶的能量会诱惑来恶魔。就算你不信我这种说法，也请你放弃认定自己是倒霉蛋的想法。这真是让亲者痛仇者快的语言。假如你不是自虐狂，就要离这种消极晦气的想法远一点！再远一点！

天地间，能够展开旗帜的风，其实经常刮起。如果你手中没有旗，没有幡，甚至连手绢都没有一块，谁又能看到希望中的招展呢？

自卑的人常常会想，我不重要，必定低人一等。

这个想法是错误的。它错在哪里了呢？第一错，是把人分成了三六九等。有人说，你看看周围，平等吗？不平等到处可见啊！你看到的我也看到了，我也知道这个世界是不平等的，但我们是不是要为一个比较平等的社会而奋斗呢？如果你愿意参加这样一场战斗，那

么，你就不要把自己列入不平的行列。至于说到谁重要谁不重要，我以前曾经写过一篇《我很重要》的文章，就是说我们每个人都很重要。多年以来，我收到过若干封读者来信，说他们曾经挣扎在死亡的边缘，因为看到了我这篇文章，才发现自己并非像草芥一样无足轻重，其实自己也很重要……我始终认为，一篇文章能够起到的作用，是极为渺小的。这些人最终从死亡的旋涡飞腾而起，是因为在他们的内心深处，残存着希望的火种，他们知道自己的价值，他们知道自己是重要的。

人生只有一次，如飞而逝，为什么不把它千姿百态地度过？为什么不在最短的时间内，向这个世界发出最嘹亮动人的表达？分享你的才华，表演你的天赋，帮助更多的人，体验到人生原来可以这样度过，做一个精灵般的模板，让孤独远去。

人得病的时候，往往是自卑的，因为健康受损了。

人的生命就是一个向上的抛物线，当我们的体力到达顶峰之后，就会逐渐衰弱下去，直到最后一蹶不振，回归泥土。

早年我当实习军医的时候，有一位垂死的老者对我说，人为什么要变得一点力量也没有呢？为什么再也听不见鸟叫了呢？为什么尝不到年轻时吃过的好味道呢？为什么看不清窗外的景色呢？为什么原来能做的事情，现在一点也做不成了呢？为什么连大小便我都自己完不成了呢？人为什么要在这种情况下死去？

那时我年轻，我第一次目睹死亡在我面前慢慢地降临，第一次知道老者也有这么多的为什么。在那之前，我以为死亡是一瞬间的事情，比如被子弹击中，比如发生车祸的刹那，我以为人老了自然就会把一切想通看开。直到在这位老人面前，我知道了正常的死亡就是缓慢地枯萎和凋零，我知道了人对于病痛和死亡有那么多义愤填膺的不甘。

如果是今天，我也许会用别的语言和这位老者交谈。可惜，那时候的我太年轻。我和他没心没肺地探讨：那么，您认为如果人不是老了才死，该是什么阶段死亡比较相宜？

老者很认真地思考我的这个问题，说，还是童年的时候死吧，那时他还不知道死亡是什么东西。

我刚从小儿科实习完，就很不服地说，他们那么小，还不知生命是怎么回事就死了，好像不合适。

老者想想说，那就年轻时死掉好了，省得老年时这般无力。

那时我二十出头，正属于老者认为该死的年龄，立刻大叫起来，说，我们意气风发血气方刚的，为什么要死呢？再说，青壮年都死了，人类社会怎么发展呢？

老者不理我，按照自己的思绪说下去，要不，就正当年的时候死吧。该看的，都看到了；该吃的，都尝过了；该干的活，也干得差不多了，就死吧。

我说，都活到这会儿了，炉火正红，干吗不精神抖擞地活下去呢？生硬地把一棵参天大树伐倒，那是不道德的。

老人听完了我的话，望着窗外坠落的夕阳，半晌没有说话，突然就张开没牙的嘴绽开了微笑。他说，好吧，还是把死亡留到人老的时候吧。虽然一天天枯竭，心里很不是滋味，但已经如此有滋有味地走过一辈子，也会接受这个结尾……

疾病是死亡吹拂而来的阵风。如果你能接受生命的灿烂，也请接受死亡这匹深蓝色的幕布。它们本是一体，就像经线和纬纱，在经纬交织之处，缀着疾病的碎花。不要因为疾病而害怕和自卑，它们原本就是生命的正常组成部分，泥沙俱下。

对死亡思索的能量之大，足以改变任何一个人对世界的看法。从此你的人生才能进入真正意义上的独立自主，进入了没有参照系的探寻与建造。

更有甚者，认为思考死亡，能让人快乐。这可不是我心血来潮信口开河。美国《心理学》月刊发布的最新研究报告指出，当人们思考死亡并不得不面对生死抉择的时候，往往会变得更快乐。这是一种心理免疫反应，大脑会下意识地搜寻并触发体内的快感。

提出这一结论的是肯塔基大学心理学家德沃尔和佛罗里达大学的罗伊·鲍梅斯特。他们对四百三十二名志愿者进行了一场测试。其中有一半人被告知，你可能马上就要死了，请简短地写出将要发生什么。另一半人被要求写出牙痛的感觉。结果表明，前一组学生写出的词汇更积极、更乐观。科学家们认为，当人们想到死亡的时候，可能有一些害怕，但人们最终会恢复过来，并意识到现实生活带来的快乐。

哈佛大学的心理学教授丹尼尔·吉尔伯特也证实这一观点。他说，人和其他动物的不同，在于能意识到自己随时都可能离世，而如果将这种意识贯穿到日常生活中，就可能形成心理免疫反应，反而变得更加坚强起来。这种心理反应也是心理健康的标志之一。

科学家们没有指出这种思考的根据是什么，只是提到了一句“大脑会下意识地搜寻并触发体内的快感”。我冒昧地揣测，很可能是内啡肽参与了其中的意识转折。

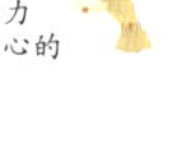

有的人觉得自己的自卑很有理由，因为他生而残疾。残疾不是自卑的同义词，也不是它的反义词。在精神的领域里，它是一个中性的存在。如果你残疾，只是表明你将遭受更多的磨难，并不代表着你的意志必然被压倒，不代表着你自卑是常态。你依然可以颜面亲和，用语喜人，微笑着面对厄运。

以上所列出的这些偏见，仅仅是偏见的很小一部分。偏见是个巨大的仓库，几乎世上所有的事物都可以被偏见涂抹成自卑的理由。下面，让我们试着来反驳这些偏见。

1. 关于性别，我们已经说了很多。早年间，有一位女子昂然宣布她是一位女权主义者。人们对女权主义者总是有一个先入为主的印象，觉得她们大多穿着中性服装，横眉立目，言谈举止之间咄咄逼人。但眼前的这一位完全不是人们想象中的样子，她温文尔雅十分谦和。

我说，你好像不像女权主义者啊。

她莞尔一笑道，你以为女权主义者都会随时从口袋里抽出一支枪吗?

我说，究竟怎样才算是一个女权主义者呢?

她若有所思道，有很多定义。我喜欢最简单的一种。

我说，我也喜欢简单。你说的是哪一种呢?

她说，如果你认为这个世界上目前还存在着男女不平等的现象，如果你觉得这个现象是不公平的，你愿意通过你的努力，让它变得比较公平，那么，你就是一个女权主义者了。

我不知道这是不是女权主义者的经典定义，但我坚定地认为，男性和女性在生命的价值上是完全平等的。因此，无论是男子还是女子，都不必因为自己的性别而自卑。

2. 关于外貌的话题，我们已经说了很多。以前，我觉得这不是一个太重要的问题，也许因为当医生的经历，让我觉得健康比美观更重要。也许是因为我年轻的时候，在西藏阿里当兵，那时候那地方男女比例高度失调，无论我多么其貌不扬，也还是有人追求，所以不拿长相太当回事儿。不过这几年当心理医生，我知道有太多的年轻人对此耿耿于怀，甚至到了锱铢必较的地步。

一个人的外貌不能选择，很多并不美丽的人也依然成功和快乐。世界上长得十全十美的人非常稀少，甚至说是没有的。而且人们对于外貌美丽的看法和评价标准，常常改变。当经历饥荒和战乱的年代之后，人们就以胖为美，比如唐代的大美女杨玉环，按照今天的观点，就有所缺憾了。单是从健康的角度，也值得商榷，她就算算不上肥胖，超重是一准的。如果她不在马嵬坡归天，安然活到老年，糖尿病啊高血压啊，估计也是逃不掉了。但在物质供应比较丰富的时代，就多以瘦削为美。而在一个艾滋病没有得到有效控制的国度里，又回到了以胖为美。因为当地艾滋病的发病率很高，大家都知道艾滋病发病后，人很容易消瘦，所以大家觉得这个人挺胖，就说明他目前可能还未感染艾滋病，这个标准很滑稽。

按照“不美貌就自卑”的逻辑，所有的人都要陷入自卑的泥坑，永远不能自拔。

3. 关于“我不够聪明”的辩护词。

我们在前面讲过，聪明只是人的众多才能当中的一种，并不能概括所有的智慧。况且聪明人也往往办傻事，聪明反被聪明误。刘备没有诸葛亮聪明，可他是诸葛亮的领导。林黛玉聪明，可她并不幸福。

4. 再为“我不讨人喜欢”翻案。

我们的价值不是因为别人喜欢不喜欢而存在的，别人如何看待你，是他的自由。你是不是要全盘接受一个不喜欢你的人的看法，并且把它变成自己的行动准则呢？

5. 至于“我的运气不好，总是碰上倒霉事情”的说法，这就像说“我的运气很好，总是碰上幸运的事情”，都是禁不起推敲的，这不是普遍规律。如果有人说，只要我出手，事情一定会办好，我们都会笑话他太幼稚了，反之也是一样的。当然了，把事情办好不容易，如果你打定主意，要把事情办坏，那失败的概率就真的可能很高了。但是，请注意，我们说的是“你打定主意要把事情办坏”，如果不是别有用心，有谁会这样办事情呢？当然了，这也从反面证明了，如果你自卑，总是对自己进行消极的暗示，你的状况真的会江河日下，那你更要改变自己的自卑心理，让自己早日走出阴影。

6. 关于一个人到底重要还是不重要，你可以去看看大自然。在一处名胜古迹，有一株古树，据说是周朝时就栽在那里了。古树生机盎然，沧桑古朴。我想它有几千年的历史，这真是值得骄傲的一棵树啊。但是，我一低头，看到古树下的小草，嫩绿纤细，一阵微风吹来，它就摇晃不停，要好半天才能稳定下来。我想，在一个有着几千年历史的老爷爷面前（从西周算起，三千多年了），这棵小草，实在是应该非常自卑，简直就是不应该活着了。可是，大自然不是这样的，你看不到一棵草木因为羞惭而不努力生长。为什么我们成了万物之灵长，反倒连这个简单朴素的道理都忘记了？

所有的人都很重要，因为你是一个独特的生命，没有人能替代你的感觉，代替你生命的过程。不是只有伟大的人才重要，每一个生命

都宝贵而重要。如果每一个人都是不重要的，那么我们整体也就不重要了。

如果你从根本上怀疑自己存在的必要，那就真是无可救药了。

7. 关于得病的人，健康受损的人，是不是要自卑，我觉得可以这样反过来看。

如果你觉得只有健康的人才能享有自尊，那么你实际上就否定了很多人的生命过程，也否定了自己。你在和新陈代谢这样一个伟大的规律风车作战，你比堂·吉诃德的助手桑丘还可笑，失败就在所难免了。

8. 关于生而残疾的话题，前面已经说过很多了。健康包括三个方面，生理的、心理的和社会适应性的完好状态。一方面的欠缺并不等于满盘皆输，我们可以举出很多例子，说明身体的残疾反倒更加鼓舞了一些人的斗志，变成了动力而非阻力。况且，就算身体不健康了又怎样？太阳照常升起，鲜花照样盛开。

承认自己自卑，就是改变它的第一步。

我们的生命，不因别人的喜欢而存在

先说这自卑并不可怕的理由是——人人都有。就像死亡，人人都要经历，所以从根本上来说，就不必害怕。

为什么人人都会有自卑呢？咱们先从大的方面说。第一是人类相对于宇宙和自然界的渺小。面对苍茫玄妙的寂寥星空，你太渺小了。面对拔地而起的万丈山岳，你太渺小了。面对浩渺无际的汹涌海洋，你太渺小了。面对铺天盖地的葱郁植物，你太渺小了。记得我母亲在世的时候，一天我们和朋友在森林中漫步，看到一棵几人合抱不过来的大树，我们纷纷猜测这树的年龄。虽然众说不一，但大家都同意树龄最少有几百年了。母亲在密林中对我说，人是活不过一棵树的。后来，母亲去世的当日，我回到家中，透过泪眼看到母亲养在花瓶里的一丛水竹依然郁郁葱葱，心中哀痛万分地想，人岂止活不过树，连一捧草也活不过的，顿时泪水奔涌而出。所以，面对大自然，人生出自卑之感，是有道理的。

自卑的第二个原因，来自人类童年时期的幼小和无助。这一点，不言而喻。据科学家研究，因为人类脑容量的不断增大，就使得人类的胎儿不可能在母腹中发育到完全成熟才分娩而出，所以人类的婴儿几乎是一个半成品，就独自面对这个世界了。他不能走，连爬也要等待几个月之后才能慢慢练习而成，完全不像马或者鹿的幼崽，几个小时之后就能蹒跚地跟在母亲身后行走了。人类婴孩不能寻找食物，除了等待妈妈的乳汁，他们没有丝毫谋生的本领。人类婴儿更没有抵抗天敌的能力，谁想置他于死地，都易如反掌。因此人类婴孩有一个漫长的童年期，除了仰人鼻息，没有法子独立。这个孱弱的阶段，谁都躲不过。

自卑的第三个原因，来自我们每个人成长经验中的创伤性记忆和理念。

如果说前两个原因还是人人有份的话，这第三个原因，有一点个体差异。但完全不曾遭遇创伤的人，也是没有的。

什么能造成我们的精神创伤呢？让我举几个例子。

第一是有关性别的。普遍来讲，多是因封建残余的重男轻女观念，中国女孩普遍比较容易在这一处留下创伤，形成死穴。就算家里不忽视女孩，当她走到社会上，也还是会受到无所不在的性别文化的影响，歧视犹如空气，弥漫在很多地方的上空，令人无法逃遁。而且，有的男孩也不喜欢自己的性别。我就曾经听到一个男孩说，因为在他之前，叔叔啦伯父啦，还有自己父母这个小家，整个大家庭里生的都是男孩，于是无论从祖父母还是父母，都希望这最后一个孩子是个女孩。那时候还允许提前用超声波鉴定胎儿性别，不知道是不是医生大意了，告知人们将要出生的是个女孩，全家期盼。没想到却是个小伙子出世了，一片哗然。妈妈懊丧地说，我希望能来件小棉袄，不想还是一把小茶壶。于是，这个小伙子很为自己的性别苦闷，长久地不开心。

第二种常见的心理创伤，就是对自己的外形不满意。

比如嫌自己的个子不够高，肤色不够白，头发不是漆黑油亮，眼睛不是双眼皮，腿不够修长，手的形状不良，嗓音不美，鼻子塌陷，等等。

对自己的长相不满意，这应该是很有历史传统的自卑理由。尤其是对女子，咱们的古话中说的郎才女貌，简直把女子的相貌提到了繁衍学的原则高度。这个倾向，在现代社会越演越烈。为什么会发生这种变化呢？很大一个原因，是因为影视艺术的普及。过去我们形容一个人的长相，只能靠语言。用语言这个东西形容外貌，留给人很大的想象空间，好赖其实是没有定论的。过去人们称赞一个人好看还是不好看，涉及的地理范畴，基本上就是在一个村子内打转转，说某某相貌好，就会说，这是村子里最漂亮的姑娘。一个村子里有多少人呢？也就几百人吧。大一点的村子上千人，也就到头了。选美基础最广泛的佳人，大概要数“倾国倾城”的范围，那时候的国和城，也不能和今日相比，不过方圆几千几万平方公里的面积。

再加上封建余孽——长期以来，美貌女子都被男人用来向外界展示地位和财富。在金钱的陪衬下，再丑的男人也变得闪闪发光。

今天就大不同了。因为电视媒体网络媒体的发展，由于整容术、化妆术的协同作战，银幕和屏幕纷纷把包装极端完美的佳丽展示给大众，形成了一种视觉上的压迫，几乎让所有人都认为自己长相上有瑕疵，从而自惭形秽。

如此普遍地制造形体上的自卑，是现代文明带给我们的副产品之一。如果不加以有意识地对抗、消解和升华，就会批量生产出众多自卑的女子，当然，也包括男子。

这个世界上，是不是有人就天生丽质，长得特别好看呢？我想，一定是有的。这个概率是不是很高呢？我觉得不高。我始终认为，人不要把自己的希望放在小概率事件上，不要总是期望成为“一小撮”，还是立足于当大多数。什么叫“平常心”，就是认定自己普通，认定自己是芸芸众生当中的一员，在这个基础上，来设计自己的一生。这有点像打扑克，有没有抓到一把好牌的时候呢？当然有，红桃是主，你全是红桃，大小王也都在手……我相信这种可能性不是零。但是，如果你打扑克把自己的输赢建构在这样的遥想之上，你就根本不能算是会打扑克。

很多人嫌自己的个子不够高。有一位男性朋友，几个月不见，他突然长高了半头。我说，你三十多岁了，还能长个儿，可喜可贺啊。他苦笑着说，这不是提经理了吗，我的手下都比我个儿高，闹得我觉得自己要总是那么矮小，就没有权威感，于是定做了一双增高鞋。咱们是老朋友，谁有多高还不知道吗？别拿我开玩笑啊。

我说，不是开玩笑。高跟鞋的滋味不好受。我以前写过一篇小文章，听到某些人讲高跟鞋有多少好处，我从一个医生的角度就想不通。要是高脚跟有好处，人类早就在进化的过程中把脚后跟增厚了。还有，要是真有这么多好处，干吗男人们不穿高跟鞋呢？我基本上想不出在这个世界上有好处的事儿，是男人们不抢着做的。现在谢谢你告诉我，方知道男人们也开始进军这个领域了。

他继续苦笑说，您这话还真说对了，穿高跟鞋实在是不舒服。不过男人们的高跟鞋和女人的有所不同，它基本上是整体加高，就是底厚，累得慌，估计让脚趾骨畸形的可能性还稍小点。

我说，你想过为什么男子汉都崇尚高大？

他搔搔脑瓜顶说，这还真没认真想过，可能是约定俗成吧。

我说，其实，每一种约定俗成后面，都有蜿蜒曲折的心理痕迹。

他说，愿听其详。

我说，古代的时候，人们没有工具，要和野兽作战，当然得身大力不亏啊，这样活下来的概率就比较大。打得赢就打，打不赢就跑，腿长的人当然在搏杀中更占便宜。一来二去的，人们就认为身材高大的人比较有安全感，女子们也愿意和这样的人结成伴侣，高个子的基因遗传的比例也更大些。再有，远古时代，人们眺望远方，高的人看得就更远些，便于早些发现食物和威胁。当人们抬起头，看到的日月星辰都在高处。地球上的高山，也让人肃然起敬。所以，我们的文化中，不单因为高大提供了更多生存的便利，而且也被赋予了精神的意义。比如，说一个人的品质好，就形容他“高风亮节”；敬佩一个人，就说“高山仰止”；德行好，被称为“高尚”……像这样的例子还有很多，我就不一一列举了。反过来，当我们说某个人某种行为不良时，就多用“低下”“卑微”“低贱”“渺小”这一类的词。潜移默化的力量是很大的，所以当你提升了职务，你会想到要使自己的形象看起来更魁梧一些，这也是人之常情。只不过，真正的领导才能，和个头大小，没有太大的关系啊。

有的人嫌自己的头发不好，十分苦恼。对于头发，我觉得它更像是一本随身携带的健康档案。为什么这样说呢？因为中医的理论认为：肾为先天之本，具有“藏精，主发育与生殖，主水液代谢，主纳气，主骨，生髓，充脑，开窍于耳，司二便，其华在发”等意义。

请注意“其华在发”这一句。肾是人的先天之本，主要承担发育和生殖的担子。过去的人找对象，当然要注重对方的身体是否健康。

可是那时并没有现如今这样的全面婚检制度，如何了解对方的身体状况呢？这就要求对方（主要是女子）留头发。未婚的女子以长发为标志。在古代，是留一条油光光的大辫子。在那首有名的上山下乡知青歌曲《小芳》中，也唱到“辫子粗又长”。人们都喜欢头发黑亮的女子，归根结底就是看中了这姑娘的健康状况良好。为什么古时结婚的时候，新娘子要在婚礼当天把头发挽成发髻？就是表示“我的档案已经交到单位了，无干人等就不要查看了”的意思。随着社会的进步，现在已经不留长辫子了，但变成了马尾辫。更有风情的表达，是干脆披肩发。这也就是为什么洗发广告里，刘德华会说：“我的梦中情人，有一头乌黑的长发……”

顺便说一句，飞机上的空姐，多是美丽的女孩子。她们也留长发，但会用丝网把头发紧紧地盘起来。我觉得那传达了一个很明确的信息：是的，我很美丽，我在周到地为您服务。但是，我不让你看到我的头发的全貌。因为这是我的工作要求，并没有其他的意味，请你自重，不要遐想……

关于外貌，容我再多说两句。

过去咱们中国人讲的是“路遥知马力，日久见人心”“人不可貌相，海水不可斗量”，比较注重的是心灵美。大家都在一个村庄住着，谁是个什么人，彼此心里都有数。生活节奏慢，冷水泡茶，慢慢了解。现在节奏这样快，大量的人员流动，很多人我们只见一面，就永不相逢。找工作面试讲究的就是第一印象，哪里还等得你“日久见人心”？所以，外貌在择业、交友包括机遇等方面，就有了更大的分值。

面对这种严酷的情况，我觉得也不必气馁。毕竟，人的一生是一条河流，而不是一场阵雨。要找到真正称心如意的工作，靠的是你和这份工作的高度契合；要找到携手变老的伴侣，靠的是彼此价值观的稳定和性格的和谐；要找到同甘共苦的朋友，靠的是诚信和不离不弃的友谊。所以，千变万化，看起来眼花缭乱，但最根本的东西是不会变的，你不必慌。

第三种常见的心理创伤，是觉得自己不够聪明。

聪明这件事，以前是太局限了，主要用记忆力的好坏来做判断。记忆力好，就一好遮百丑。咱们前面已经讲过了，人的能力有很多种，东方不亮西方亮，黑了南方有北方。我相信每一种存在都有它的理由，每一颗种子里都有乾坤。

第四种常见的心理创伤，是自卑的人认定自己是不讨人喜欢的。

关于这一点，我觉得首先要更正的前提是——我们的生命，不是因为讨别人喜欢而存在的，我们是自在之物，我们不必讨任何人的喜欢，就可以欢天喜地地背负大地，面朝青天。只要你认定了这一点，枷锁就被打开，你就可以自由地呼吸了。

在你的字典里，成功意味着什么

人生字典的“成功”

对于成功的向往，是年轻人无数梦想中最辉煌和持久的一个。很多人怀揣着这样的梦想，不停地奔走突围，调整方向，励精图治，再接再厉……有人甚至不惜遍体鳞伤地忍辱负重卑躬屈膝，以种种不正当的方式图谋暴发，只为了有一天，以胜利的圣洁之水洗去往日的卑污，将成功的花环套在自己的脖颈上，让刺眼的光芒将众人的眼睛晃得睁不开。

追求成功是人生永恒的目标。也许，这是一种强大的集体禀赋。仰望远古，只有那些最不甘平庸英勇奋斗的人，才得到最广大的尊重和敬畏，在某种程度上说，也最能得到流传子嗣、保存基因的机遇。所以，崇尚成功是人性的传统，现存者几乎都是各种成功者的后裔。如果不成功，就很容易在严酷的征杀中惨遭淘汰，被迫出局，后代就少得可怜。渴望成功，既是人之常情，也是一种深沉的宿命和心理积淀，时刻笼罩着我们。

那么，成功到底是什么呢？

有人说，挣很多很多金钱、腰缠万贯成为世界首富是成功。

有人说，做一个执掌全局、呼风唤雨、操生杀予夺之权的人是成功。

有人说，在雪亮的闪光灯前频频曝光、万千宠爱集于一身是成功。

有人说，功勋卓著、名垂青史、被亿万人怀念追思是成功。

有人说，美女环绕、锦衣玉食、车水马龙是成功。

甚至还有人说，如果不能流芳千古，就来个遗臭万年也是另类的成功……

每一个渴望成功的人，在为自己定下成功的方向之时，都要问一问自己——在你的字典里，成功意味着什么？

也许有人觉得这不是一个问题：社会上对成功人士不是有很多约定俗成的框架吗？这还有什么疑问吗？你必须是名牌大学毕业，要有很高的学历，要在显赫的机构任职，要和很多名流有交往，住在高档别墅区，开高级轿车，休闲的时候在世界各国周游，消费的时候千金一掷……

但这些远远不够。“我在周围人的眼中，应该算是一个成功的女性了，每月上万元的收入，丈夫也很优秀，还有一个活泼可爱的孩子，可有谁知道，我经常一夜垂泪到天明……我为这所谓的成功付出了常人所不能想象的代价，从精神到肉体都伤痕累累……如果这就算是成功，我情愿将它抛入太平洋……”

如果你不清楚自己需要的成功究竟意味着什么，你就会在奋斗中迷失方向，在成功后怅然若失。这就像是一个人在五光十色的市场里东奔西走，花光了身上的积蓄（这就是我们的生命啊），到头来才发觉购物车里推的东西根本就不是自己想要的。因为，不知道自己想要的是什么，也就不能品尝成功是怎样的滋味。

我的“双赢”成功观

也许有人会问，你说了这么多，那你对成功的定义是什么呢？其实成功这个词是很个人化的，每个人都会有自己的向往和解释，没有高下之分，只要是自己的真实愿望，就可以拿出来讨论。

我十七岁的时候，是一名守卫祖国边防的高原士兵。那个时候，藏北营地每年有八个月的时间大雪封山，与外界音讯隔绝。抬眼望去，四处都是冰川雪岭，一片莹白。氧气只有海平面的三分之一，每天吃的是脱水菜，见不到一点绿色。由缺氧引发的红血球增多加上维生素严重缺乏，我们都手脚皲裂口唇出血，头发枯涩面色绀紫。除了银白的山和赭色的旷野，看不到一丝生机。百无聊赖之中，我每夜必做的一件事，是仰望星空。那时候我并不知道曾有伟大的哲学家说过，仰望星空和探寻内心，是最令人感动和敬畏的时刻，那时候我只是在心中充满了惆怅。

我想，和浩瀚的星空相比，和那些动辄以数十万、上百万光年计算的距离相比，我们的生命是多么短暂啊！如果我今天晚上就死了，星星依然明亮得如同金子打造的钉子，镶嵌在宝蓝色的夜幕中，狂风也依然在高原上不知疲倦地疯跑、怒吼。明天的夜晚和今天相比，一切都不会改变。那么，我存在过的证据在哪里？我的生命有何意义？换句话说，我如何应用自己的生命，去达到一个怎样的目的，才算是不枉享了生命，到了辞别这个世界的时候，才觉得自己不曾虚度了年

华呢？

我想了很久，最后做了一个决定。生命是我自己的东西，我用它去做我喜欢的事情，这样我就能够快乐。如果我做的事自己不喜欢，这样一辈子就太委屈自己了。让自己高兴，这应该是成功的标准之一。

但是，我又想，只让自己高兴，这一定是不够的。因为你不是孤家寡人，你生活在群体之中。如果你让自己高兴的方式，给其他的人带来的是痛苦和不安，那也不符合我的心意。我希望让自己快乐的事情，能让别人也从中得到欢愉。纵然不能为别人谋求到更大的福气，结果起码应该是中性的。不能光顾着自己高兴了，而给别人带来不必要的伤害。

我至今还记得立下志愿的那个晚上，有一种豁然开朗的感觉，好像有一股清澈的星光，自雪山之上倾泻到我的全身，将我的灵魂洗涤轻松。从那时到现在，几十年过去了，我的理想没有大的改变。我将我的生命掌握在自己手里，做我快乐的事情，并且尽可能地使这件事情对别人也有所帮助。从这个意义上讲，我觉得自己在某种程度上达到了自我实现，算不算成功人士不敢说，但自己是快乐幸福的，这就足够了。

不真实不现实的工作

世界上很少有报酬丰厚却不需要承担巨大责任的便宜事。

记得我曾跟一些上中学的孩子谈心，他们尚年幼，我以为对各自的将来还懵懵懂懂。不想，大谬。几乎每个孩子，都能振振有词地把将来的工作阐述一番。让我吃惊的是，他们向往的职位，都挣钱多而轻松惬意，且不想负担很大的责任。

我不知道这种想法从何而来，估计是周围的成人灌输给他们的吧。我以为，这是一种不良的期待。

第一，这不真实。世界上有没有挣得多、活儿又轻松的事呢？我不敢说绝对没有，但我敢说，概率一定非常低。如果大家都想找这样的事，那几乎轮不到你头上。依我多年来的经验，在你考虑问题的时候，对那些小概率事件干脆不要打到算盘里，因为太容易碰壁，到那时你会埋怨社会的不公平。其实，是你先对这种可能性的概率失去了公平的判断。

第二，这不现实。现实是，这基本上是个付出劳动才能获得收益的世界。我见过付出了劳动却得不到收益的事，这种事还真不算少。于是便有了这样的说法：只问耕耘，不问收获。为什么不问呢？因为没法问，问了，那回答也不乐观，收获很可能是零。因为你做事的过程中，你收获了喜悦，乐在其中，也就物有所值。总而言之，你干活得不到报酬的事，常常发生。反过来的事，几乎没有。你说现实残酷也罢，不讲理也罢，它就是这样一板一眼，自说自话。

第三，行业中有许多秘密你不知道。你看到的只是表面现象，为什么别人可以得到既风光、收入又好的工作？当事人不一定把所有的秘密都告诉你。我认识一个被人包养的女人，她的那位所谓的“老公”，每月给她一份不薄的薪水，给她置办了好房子和红木家具，表面上看起来，她养尊处优，非常惬意。同她处得久了，她说，这也好比一份工作，要保住这份工作，付出的辛劳非同小可。

我说，看不出来啊。你每天好像神仙般悠闲。

她说，其实，我每天战战兢兢。家中的老板什么时候不要你了，炒你的鱿鱼，都完全有可能。我连普通员工都不如，因为你不会得到提前通知，也不能问为什么。没有任何为什么，只是看你不顺眼了，我就必须从这个职务上下岗了。我也不能要求涨工资，老板给你一个，你花一个，完全不知道自己的晚年将如何过。所以，其实不是给一个钱就花一个钱，而是只能花半个钱，那半个钱要存起来，留到人老色衰被抛弃时补贴家用……

当然了，这是一个比较极端的例子。写在这里，是想提醒那些期望少干活多拿钱的人，及早放弃这个念头。不然的话，徒生烦恼和痛苦。

第三辑

你付出的每一颗糖都去了该去的地方

人只有把自己锤炼得更坚强更优秀，
命运才会叹息着服从你。
真正的上帝之手是没有的，
如果一定要寻找，
它其实就是你自己。

人可以最大限度地逼近真实

朋友给我讲过这样一个故事。

他祖父小的时候，很聪明，也很有毅力，学业有成。正欲大展宏图之际，曾祖将他叫了去，拿出一个古匣，对他说，孩子，我有一件心事，终生未了。因为我得到它们的时候，一生的日子已经过了一半，剩下的时间，不够我把它做完了。做学问，就要从年轻的时候着手，我要是交给你一件半成品，不如让你从头开始。

原委是这样。早年间，江南有一家富豪，酷爱藏书。他家有两册古时传下的医书，集无数医家心血之大成，为杏林一绝。富豪视若珍宝，秘不传人，藏在书楼里，难得一见。后来，富豪出门遇险，一位壮士从强盗手里救了他的性命，富豪感恩不尽，欲以斗载的金银相谢。壮士说，财宝再多，再贵重，也是有价的。我救了你，你的命无价。富豪说，莫非壮士还要取了我的命去？壮士大笑说，我不是要你的命，是想用你的医书，救普天下人的性命。富豪想了半天，说，我可以将医书借给你三天，但是三日后的正午，你必得完璧归赵。说罢，命人从嵯峨的木制书楼里，将饱含檀香气味的医书捧了出来。

壮士得了书后，快马加鞭急如星火地赶回家，请来乡下的诸位学子，连夜赶抄医书。书是孤本，时间又那样紧迫，荧荧灯火下，抄书人目眦尽裂，总算在规定时间之内，依样画葫芦地描了下来。壮士把医书还了富豪，长出一口气，心想从此以后，便可以用这深锁在豪门的医学宝典，造福于天下黎民了。

谁知，抄好的医书拿给医家一看，才知竟是不能用的。医家以人的性命为本，亟须严谨稳当。这种在匆忙之中由外行人抄下的医方，讹脱衍倒之处甚多，且错得离奇，漏得古怪，寻不出规律，谁敢用它在病人身上做试验呢？

壮士造福百姓之心不死，急急赶回富豪家，想晓以大义，再请富豪将医书出借一回。这一次，请行家高手来抄，定可以精当了。当他的马冷汗涔涔到达目的地时，迎接他的是冲天火光。富豪家因遭雷击燃起天火，藏书楼内所有的典籍已化为灰烬。

从此这两册抄录的医书，就像鸡肋，一代代流传了下来。没有人敢用上面的方剂，也没有人舍得丢弃它。书的纸张黄脆了，布面断裂了，后人就又精心地誊抄一遍。因为字句的文理不通，每一个抄写的人都依照自己的理解，将它订正改动一番，闹得愈加面目全非，几成天书。

曾祖的话说到这里，目光炯炯地看着祖父。

祖父说，您手里拿的就是这两册书吗？

曾祖说，正是。

祖父说，您是要我把它们勘出来？

曾祖说，我希望你能穷毕生的精力，让它死而复生。但你只说对了一半，不是它们，是它。工程浩大，你这一辈子，是无法同时改正两本书的。现在，你就从中挑一本吧。留下的那本，只有留待我们的后代子孙，再来辨析正误了。

祖父看着两本一模一样的宝蓝色布面古籍，费了斟酌，就像在两个陌生的美女之中，挑选自己终身的伴侣，一时不知所措。

随意吧。它们难度相同，济世救人的功用也是一样的。曾祖催促。

祖父随手点了上面的那一部书。他知道从这一刻，这一个动作，就把自己的一生，同一方未知的领域，同一个事业，同一种缘分，紧紧地粘在一起。

好吧。曾祖把祖父选定的甲册交到他手里，把乙册收了起来，不让祖父再翻，怕祖父三心二意，最终一事无成。

祖父没有辜负曾祖的期望，皓首穷经，用了整整半个世纪的时间，将甲书所有的错漏之处更正一新。册页上临摹不清的药材图谱，他亲自到深山老林一一核查。无法判定成分正误的方剂，他采集百草熬药炼成汤，以身试药，几次昏厥在地。为了一句不知出处的引言，他查阅无数典籍……那册医书就像是一盘古老石磨的轴心，天文地理古今中外，凡是书中涉及的知识，祖父都用全部心血一一验证，直至确凿无疑。祖父的一生围绕着这册古医书旋转，从翩翩少年一直变作鬓发如雪。

按说祖父读了这许多医书，该能成为一代良医。但是，不。祖父的博学只为那一册医书服务，凡是验证正确的方剂，祖父就不再对它们有丝毫留恋，弃而转向新的领域探索。他只对未知事物和纠正谬误有兴趣，一生穷困艰窘，竟不曾用他验证过的神方医治过病人，获得过收益。

到了祖父垂垂老矣的时候，他终于将那册古书中的几百处谬误全部订正完了。祖父把眼睛从书上移开，目光苍茫，好像第一次发现自己已走到生命的尽头。

人们欢呼雀跃，毕竟从此这本伟大的济世良方，可以造福无数百姓了。

但敬佩之情只持续了极短的一段时间。远方出土了一座古墓，里面埋藏了许多保存完好的古简，其中正有甲书的原件。人们迫不及待地将祖父校勘过的甲书和原件相比较，结果是那样令人震惊。

祖父校勘过的甲书，同古简完全吻合。

也就是说，祖父凭借自己惊人的智慧和毅力，以广博的学识和缜密的思维，加之异乎寻常的直觉，像盲人摸象一般在黑暗中摸索，将甲书在漫长流传过程中产生的所有错误全改正过来了。

祖父用毕生的精力，创造了一项奇迹。

但这个奇迹，又在瞬忽之间烟消灰灭，毫无价值。古书已经出土，正本清源，祖父的一切努力，都化为劳而无功的泡沫。人们只记得古书，没有人再忆起祖父和他苦苦寻觅的一生。

讲到这里，朋友久久地沉默着。

古墓里出土了乙医书的真书吗？我问。

没有。朋友答。

我深深地叹息说，如果你的祖父在当初选择的那一瞬间，挑选了乙书，结果就完全不一样啊。

朋友说，我在祖父最后的时光，也问过他这个问题。祖父说，对我来讲，甲书乙书是一样的。我用一生的时间，说明了一个道理，人只要全力以赴地钻研某个问题，就有可能最大限度地逼近它的真实。

祖父在上天给予的两个谜语之中，随手挑选了一个。他证明了人的努力，可以将千古之谜猜透。

这已经足够。

有一种快乐
如临深渊

荷尔蒙临阵指挥

人和动物的不同之处，是人有丰富的精神生活。

为什么需要精神生活？因为人是高级动物，这个高级体现在哪里？要说体重，大象和鲸鱼比人重多了。要说视力，鹰比人看得远多了。要说嗅觉，我们比狗差的不是一个数量级。要说比耐力，我们肯定不如骆驼。要说比耐寒，一定会败在帝企鹅的脚蹼之下。我们游泳，绝对是大多数鱼儿的手下败将。我们跑步，根本不能和马相比。我们也没有袋鼠那样跳跃的本领，没有猕猴上蹿下跳的本领……我们有那么多的弱点，可是我们有一条所有动物都无法比拟的长处——我们有精神，我们会思考。

人类最大的幸福，不是来自物质的生理的满足，而是取决于精神追索的日趋完美。于是，人类所有的活动，都少不了精神的指引。

有一个词儿，叫作“精神抖擞英姿勃发”，就是人体内啡肽分泌活跃，进入了良好状态。常见的大约有以下这些时刻。

为了理想英勇牺牲；朝向一个既定目标的长期探索；乐于见到其他人笑脸的助人为乐；能够在体育运动中拔得头筹；用眼睛看书看戏

看电影，以获得精神的愉悦；看足球篮球等体育比赛，以获得生理上的激动快感和呼朋唤友的群体归属感；飙车蹦极攀岩坐过山车等极限运动的挑战带来非比寻常的刺激；演讲授课好为人师时众人的仰慕；大啖美食狂饮佳酿的口舌之欲满足和灯红酒绿的陶醉；观美女胜景、唱卡拉 OK 载歌载舞的风流倜傥……

还有：工作狂、控制欲、疯狂购物、性瘾、偷盗、杀人、通奸、抢劫、造谣、撒谎、胡说八道……

看到最后这一段，我估计你得大不以为然。杀人还会令人愉悦吗？

是的。荷尔蒙在某种程度上是盲人骑瞎马，夜半临深池。人跟人的最大不同，就在于什么是引起你的荷尔蒙分泌的模式。我们常说的世界观价值观，就是指的这个东西。什么会让你兴奋？什么会让你钦佩？什么让你为之涕零？什么让你捶胸顿足？什么让你抑制不住地愤慨或是欢颜？让你挺身而出抑或躲闪藏匿？

凡此种种，都是荷尔蒙在临阵指挥，但总司令是你的价值准则。

“瘾”是一种病

即使是好事，你也不能成瘾。

瘾是一种病。

它最初的概念是指药物依赖，说白了，就是离不开某种药物，始终在药物的控制之下，成了药物的仆从。生活节奏被某种药物所控制，完全丧失了主动权。

成瘾并不是现在才出现的新问题，它的历史有五千年了。那时的苏美尔人就开始使用鸦片，让自己进入一个虚无的状态。

现在，成瘾已经发展成为影响人类心身健康的全球性灾难。成瘾行为分为物质成瘾和精神行为成瘾。前者主要包括处方药滥用成瘾，比如K粉、摇头丸、冰毒、麻古、五仔等，如果对这个行列点名，还会有层出不穷的新人加入，我就不详说了。还有传统毒品成瘾（如海洛因、黄皮、大麻），安眠药成瘾（如安定、舒乐安定、三唑仑、阿普唑仑等等）。当然，还有古老的酒瘾、烟瘾、性爱成瘾……现代版的有电子游戏成瘾、网络成瘾、搜索信息成瘾，等等。

说到底，瘾就是一种对内啡肽的渴求。

古代，人总希望通过吃、喝或其他什么物质和行为，使自己放松，寻求刺激和快感，这本不是疾病。但为了这种状态，愈演愈烈，为某种习惯或是物质所控制，到了离不开、少不了、为之痴狂的地步，这就成了瘾奴。

不要以为你意志坚强头脑清醒，就一定不会成瘾。事情不是这样的!

就广泛的成瘾行为而言，每个人都有上瘾的可能。美国心理学家现在提出了一个“软瘾”的概念。它是什么意思呢？特指表面看起来没有害处，但实际上使我们远离真正想要的生活的那些习惯。那些古老的成瘾和药物成瘾，我们暂且不说，就说说随着社会的发展和进步，滋生出来的新品成瘾项目吧。

比如：

饮食成瘾——中国人现在就疯狂流行这种软瘾。其表现形式是——以吃那些稀奇古怪的食材为身份与特权之象征，对特别诡异的烹制方式津津乐道。吃饱了还要吃，直吃得糖尿病、高血脂、高血压比比皆是。

购物成瘾——多少人的衣橱里衣满为患，有些衣服根本从未穿

过，就进了垃圾箱。有些人一到压力大的时候，婚姻关系亮红灯的时候，就一溜烟地跑进商场，颐指气使地买这买那，在疯狂购物中施展自己的控制欲。

过度看电视——我认识一个朋友，只要一进房间，就要把电视打开，让电视里的声音充满每一个角落。晚上的时候，也要在电视的音响中入睡。我一时想不通，说你睡着了还要半夜爬起来关电视啊？她十分鄙夷地看着我说，有定时功能啊。我一般会定在睡下后四十五分钟关机。时间短了，怕自己睡不踏实，万一关早了，我没睡着，就得哆哆嗦嗦地爬起来，再打开电视……

浏览网络——只要网络中断，他们就如丧考妣，心中惶恐不安，简直不知道时间该如何打发。还有和网络相关的各种强迫性动作频频出现，如不断查看邮件、登录微博、回答留言，等等。貌似正常，其实也均在成瘾之列。

美国斯坦福大学一项研究声称，有八分之一的美国人在网络使用方面存在问题，其心理症状表现为无法戒断、渴望更多的上网时间、忽略家人朋友、不上网时情绪低落、敏感易怒，生理上则表现出眼睛疲劳、睡眠不足以及腕管综合征。

一次和朋友吃饭，凉菜上来了，朋友说，先别吃。我以为还有什么重要人物没到场，只好压着肚饿耐心等待。又听朋友对服务员说，先把你们的招牌菜端上来。我还以为她听到了我的肚肠咕咕叫，萌发悲悯之心，不想热气腾腾的招牌菜上来了，还是不让动筷子。此人拿出手机一通乱拍，直到菜都凉得没有一点热乎气了，她才有气无力地说，你们先吃吧。我写个微博，配上刚才的照片一块发出去。好不容易轮到主菜了，朋友又说，我把你刚才随口说的一句话发出去了，哈！有人转发啦！

那顿饭的后半场，我吓得一言不发，反复琢磨着把自己吃的饭食图片发出去，有何深意呢？思来想去得到的两个词是：饱汉不知饿汉饥和画饼充饥。

不停地储蓄——中国人这一条可能要在全球数第一。或许源于对饥荒的记忆，中国人会把收入一半以上的钱，雷打不动地存进银行。有个朋友说，他爸爸最大的乐趣，就是每天晚上从不锈钢保险箱里把存折拿出来，翻过来掉过去地看，一边看一边笑。

我觉得把存折经常拿出来看看是可能的，但不会夸张到每天如此吧？朋友说，就是每天都看，一天不看，就像掉了魂。看的时候，必定要把窗帘拉起来，就是三伏天也不例外。家里特地做了完全不透光的遮光帘，以满足老人家的存折必看欲。

借钱欲——我觉得美国和一些西方国家，举债成瘾，拖累全球。用别人家的钱，维持自己的高消费。

相亲瘾、离婚瘾、暴力瘾等等，我就不一一列举了。根据美国临床心理学领域的一项调查，百分之九十一的美国人患有软瘾，其中拖延、过度看电视在调查中名列榜首。人们都知道毒品成瘾有害，甚至会导致直接死亡。软瘾似乎没有那么严重，但同样会危害身体健康、人际关系，毁坏你的生活质量。

软瘾≠爱好

那么，什么算是正常的爱好，什么要被纳入成瘾的范畴呢？

如果活动中你感觉到愉快、有活力，经过调整，自己更加生机勃勃，这就是在学习和成长。如果某个行为习惯给你的正常生活带来负面影响，头昏脑涨还无法控制自己停下来，那就是有问题的迹象了。

凡是沉湎于上网聊天的人，多半在现实生活中落落寡合，人际关系不理想。凡是迷恋电子游戏不能自拔之人，很可能是对周围环境不满，缺少目标而内心空虚幼稚。

凡是养宠物上瘾的人，在真实的人际关系中，很可能没有能力同环境建立起良性的互动。

凡是对工作要求十全十美的人，多半没有幸福的童年。

凡是对某事过度执着的人，多半内心深处掩埋着自卑的种子。

凡此种种，不一而足。你被瘾所控制，忽略了此时此地真实的生活，远离了丰富多彩的现实活动，妨害真实的社会关系。软瘾消耗时间，吞噬精力，让人变得淡漠甚至麻木，最终阻碍上瘾者实现更高的生活目标。

软瘾的实质，就是体内的荷尔蒙病态的分泌，而它所带来的熟悉感和下滑的轨道，让人在不知不觉当中成为了荷尔蒙的奴隶。有人说，就算我有软瘾，可我看起来还是过得不错啊，并不会在短时间内死掉。

的确，软瘾是不会在明天就置你于死地，有人当荷尔蒙的奴隶久了，反倒不知道如何成为它的主人。但你和软瘾结伴而行的日子，你也不曾真正地活过。软瘾把你绑架了，你的荷尔蒙在错误的道路上把你领得越来越虚弱和病态。

当成瘾的快乐席卷而来，你其实已临深渊，请立即回头，要知道悬崖之下是不归路……

生命和死亡如影随形

我为什么要谈论死亡？这使我像猫头鹰一样被认作不祥。

有人语重心长地对我说，人间已经有够多的恐惧和害怕，为什么还要在不痒的地方开始扒？何苦呢？你这不是自寻烦恼吗？如果你想给人注入希望，为什么要用这种永恒不变的黑暗之事来袭扰我们本来就千疮百孔的意志？呜呼，我们还很年轻，为什么不把死亡留给那些垂死的人去想呢？最起码，也是给那些五十岁以上的人出的题目吧。

哦，我回答。生命和死亡是如此如影随形，它们并不是像阿拉伯数字，有一个稳定的排列顺序，在 19 之后才是 20。它们是随心所欲不按牌理出牌的，没有一个必然的节奏。要死死记住，这世界上没有任何人可以并且有能力向你承诺：你可以无忧无虑地活到某个期限之后才来考虑这个问题。死亡可以在任何地点任何时间不打任何招呼地贸然现身。

嘿，这世上有一些最重要的事情，不管你喜欢不喜欢，它们在生命的海洋里坚定地存在着，在某些特定的时刻，毫无征兆地掀起滔天巨浪。很遗憾、很确定的是——死亡就在这张清单中。

对于一个你生命中如此重要的归宿，你不去想，如果不是懦弱，

就是极大的荒疏了。

古罗马的哲学家塞内加冷冰冰又满怀热情地说过：“只有愿意并准备好结束生命的人，才能享受真正的人生滋味。”

我们是必死的动物。因为我们是高等的动物，所以，我们千真万确地知道这一点。否认死亡，就是否认了你是一个真正有脑子的人。你把自己混同于一只鸡或是一条毛虫。在这里，我丝毫没有看不起鸡和毛虫的意思，只是明白人与它们是不同的物种。

奥运会开幕式、闭幕式的时候，人人都害怕天公不作美，降下雨滴。如果甘霖洒下，尽管对于干旱的北京是解了渴，但那些精心排练的无与伦比的美妙场景就会大打折扣。人们在不断逼问气象学家那天晚上究竟会不会下雨的同时，也热切地寄希望于我们的高科技，可以将雨云催落他乡。

开幕式的时候，我正在墨西哥湾上航海。当我回到家中，查找到开幕式的报纸，果然看到报道，那一天晚上阴云奔突，为了防止在鸟巢上空降雨，有关部门发射了催雨的火箭，将水汽提前搅散，让那传说中的雨降在了别处。于是，亿万人才看到了鸟巢璀璨晶莹的完美夜景，听到激越躁烈的击缶声震荡寰宇。可见，催化剂这种东西的魔力，在于将一桶必然要爆炸的火药提前引动，变得无害而可以忍受。它在某种程度上可以化腐朽为神奇，保障了最重要的阶段完整无缺。

思考死亡就是这样一种精神的催化剂，可以把人从必死的恐惧中升华到更高的生存状态——那就是兴致勃勃地生活。对于死亡的觉察，如同手脚并用地攀爬了一座高山。山顶上，一览众山小，使人不由自主地远离了山脚、山腰处万千琐事的凝视，为生命提供辽远、开阔和完全不同的视角。

你如果听了上述这些话，还是对探讨这个问题心有余悸，那么，在我束手无策之前，容我给你开一张空白的心灵支票吧：对于死亡的思考，可以拯救你生命的很多时刻。对死亡的关切，有可能让你的生命有一种灿灿金光。虽然随着岁月流逝，身体会不断枯竭，但精神能越来越健硕。

只是这张支票兑现的具体日期和数额，要由你自己来填写，谁都不能代替谁思考。不知你内心的恐惧还会持续多久？

有个女子说，她以前有一个习惯，就是从来都不彻底地完成一件事情。本子总是用不完的，要留下几张纸；喝水会把底儿留在杯子里，美其名曰“有水根儿（就是水碱）”，喝了要得肾结石的，这借口虽明知荒谬，也还是一再重复着，哪怕是喝瓶装的纯净水，也绝不喝干；因为怕离别，她总会提早从聚会的场所离开，总能找到各式各样的理由让自己抽身；甚至吃饭菜的时候，都不会吃完，留下一口，并认为这是礼貌；打扫房间，也不会彻底，留下一个角落，说等下一次再来清洁吧。从小长辈就觉得她这是偷懒，说过无数次，她就是不改。

大家看到这里，也许会说，这不过是很多人都有的小毛病，充其量也不过是个说不上好也说不上不好的习惯。当然了，如果事情仅仅停留在这个阶段，也许人们都还能容忍，但是，每个人行事的规律，无论大事小事，内里其实都是惊人的相似。

这女子工作以后，无法在任何一个单位待到两年以上，总是不断跳槽，有时有明确的原因，有时自己也说不明白，好像完全找不到充

分的缘由，只是突然想走就走了。冲动一起，是那样难以克制，似乎在逃避、躲避什么可怕的东西，唯有中断，才是出路。再后来，她连自己的婚姻也坚持不下去了，厌倦、恐惧和平淡，让她最终选择了放弃。

不过，这世界上好的男人，比起好的工作，似乎要少。况且就算是工作，如果那个单位满员，你也无法插入。婚姻更是具有鲜明的排他性，鹊巢鸠占，鹊就回不来了。她的主动退场，很快就让别的虎视眈眈的女子填补了空白。当她意识到自己的前夫多么难得的时候，金瓯已缺，丧失了恢复原状的可能。

她是如此苦恼，如此憔悴。在庞杂纷嚣的混乱之下，我一时也一筹莫展，如同面对一张沾满了蛛网的条案，纵横交错，不知道哪里才是混乱的支点。

关于漫长的谈话过程，我在这里就不赘述了，感谢她的无比信任。我后来才知道，匍匐在她内心的蜘蛛是自幼年就潜藏下的恐惧。她在非常幼小的时候连续失去亲人，棺材前摇曳的烛火、血肉模糊的尸身，都让她对终结的恐惧变得如此根深蒂固。这恐惧化身为“不要把事情做到底”的潜意识，如同魔咒，贯穿了所有岁月。她给自己定了一条规则，也算是“潜规则”吧——只有逃避结束，才能对抗死亡。

说到底，我们对于死亡的恐惧是会化装的，会以各种各样我们匪夷所思的模样乔装打扮出现。惧怕死亡就如同一根粗壮的藤，蜿蜒盘曲结着不同的瓜。也许是人际关系的不和睦，也许是做事的极端完美主义，也许是关键时刻的优柔寡断，也许是婚姻和感情的破坏与纷扰……如果你无法长久地保持安宁的心智，经常出现无法描述的悲伤或烦躁，很可能就是在死亡这个问题上没有直面的勇气。总之，对死亡的恐惧如同百变妖魔，有万千种表现手法。原谅我带一点武断地说，每一个无以解释的焦虑之梦背后，都是死亡之魔起舞的广场。

对此，最好的方式，就是在源头上把这件事搞清楚，从此不怕死，把死亡视为一个成熟的过程，有勇气饮尽生命的最后一滴甘露，之后从容安详地赴死，变成细碎虚空的分子，与宇宙合为一体。在这之前，有滋有味地生活。

死亡的过程对每一个人来说，都是一项崭新的学习体验。为什么你一定要一直想着你老了，老了？为什么要一次又一次踮起脚来张望归途？

有朋友曾经这样气恼地问过我，她觉得我不断地谈论死亡必将到来，让她噤若寒蝉。她说，你的文字通常是安详和温暖的，但那些关于死亡的论述夹杂其中，就像一些粗粝的贝壳碎片，会刺破手心的皮肤，让人淌血。

我说，既然死亡是一个规律，为什么不能讨论？既然归途本来就存在，为什么不能张望？为了保持我整个生命的质量，为了当我发白齿稀之时仍然能保有尊严和快乐，我就要提前下手了。如果惹你不快，那么我很抱歉。不过请原谅，我还是要这样做。

上帝的指甲

永远不可能有百分之百的公平，如果一定要寻找上帝之手，它其实就是你自己。

他是北京某大学赴外地的招生组长，亲手签发了该重点大学在某省数年间的所有录取通知书。许多年轻人的命运，由于他的手指，发生了巨大而辉煌的转折。更多的高考生，由于他的断然拒绝，永远地失去了踏入那座庄严校门的机会。

他沉吟着，缓缓地说，它的权力太大了，瞬忽之间决定很多人一生的走向。我一辈子搞学问，害怕这种很严峻很生死攸关的事情。我拒绝，但是没有用。校长说，招生是很艰巨的事，我现在就有一大把条子了，喏，都给你，你看着办吧。

我是抱着一大堆纸条走马上任的。所以，我告诉你一句经验之谈，要是在高考中有什么需关照的事，一定要提早打招呼。临渊羡鱼，到了录取的节骨眼上再托人，就来不及了。

我说，我在电视上看到，录取的现场戒备森严，好像传染病院一般，是吗？

他轻轻笑起来，说，依我看，可能比医院还严格。通常都是星级宾馆，门口有警卫。我们佩戴特制的工作证进入大门后，就成了没有脚镣的囚徒。不到录取全部结束，任何人没有特批，不得自由出入。所有房间的电话都被掐掉了，与世隔绝，好像困在一座古堡里，除了吃饭，就是工作。录取名单在某种意义上讲，是一种高级智力游戏。录谁不录谁，录在这个专业还是那个专业，分数的高低、考生的志愿只是一部分摆在桌面上的砝码，更多的是各种关系的平衡，方方面面利益的交错，真令人绞尽脑汁。

宾馆里住的都是该省招生办和各大学的工作人员，大家平时也不大说话。一是忙，一般他找你，就是有事要求你，每人都攥了一把条子，够乱的了，谁也不愿多揽麻烦。二是好考生就像一种富矿的资源，大家都抢着要，同行是冤家，所以，大伙基本上是点头之交。但是从我刚一住进宾馆，就注意到有一个佩戴招生标志的人，总在窥测我的房间，没事找事地朝我微笑，看得出非常想同我说话，千方百计讨好我。到了第二天，简直就发展到要给我扫地叠被、端茶倒水的地步。我很奇怪，别说我不用人服侍，就是真的要人照顾，也有服务员帮忙，他这是为什么呢？当他又一次要给我满满的暖瓶续水的时候，我谢绝道，您也是工作人员，还是去忙自己的事吧。

他说，我不是工作人员，是一个考生的家长。我女儿报了你们大学，我怕你们不录取她，就特地走后门，花了大价钱，买了一个工作证，住进你旁边的房间。有关你们学校招生的一举一动我都清楚，我得盯着你们录取，千万不能让别人把我女儿顶了……我立刻产生了一种被人监视的感觉。想不到还有这样走后门的，也可以说，他是没有任何后门可走，只有赤膊上阵了。我从电脑里查看了他女儿的分数，还好，在我们的录取分数线以上。这里有一个技术性的问题需要说明，就是计算机是铁面无私的，做不了假，你不到提档线，神仙也无法。但过了分数线，也不一定能取上。比如我招五十名学生，当地招办要向我提供百分之一百二十的考生名单，就是六十名考生档案。取谁不取谁，就是我说了算。在某种意义上说，这一关更残酷。若是你不够分，你没什么可怨的。可是你够了分，也不一定能上成理想的大学，这百分之二十的概率就是无情的杀手，它一起作用，你就功败垂成。

我对那父亲说，您可以走了，我向你保证，我肯定录取您女儿。没想到父亲摇摇头说，我不走，录取通知书没拿到手，我一秒钟也不会离开。我没权没势，除了牙缝里抠出的这点钱，买个证件，每天交高额的房钱，守在这里，我再没别的法子了。我住在这儿，破费多少钱，心里安宁。

通知书是统一发放的，我也没法提前给他写一份，只得由着那位父亲住着。他也很知趣，再不同我说什么，每天只是在走廊相遇时尴尬地笑笑。我的脸色简直就成了录取通知书，所以，不管我有多为难的事，只要碰上他，我一定龇牙咧嘴做一个笑脸，好让他安心。发通知的时候，我第一个写下了他女儿的名字。

校长给我的那一把条子，是按关系亲疏编了号的。赫然列在第一位需重点保护的那个考生，很有背景。分数倒是上了档，可他身高只有一米六，体重却有一百一十公斤，整个一个正方体。我把他刷下去了。没想到校长遥控，打电话来说这个学生对学校太重要了，请务必收下。刚才讲了招生机构和外界通讯阻隔，怎么这会儿又能通消息了？来的时候校长偷着给了我一个“大哥大”，以供秘密联系。招生组织者想不到穷苦知识分子也武装起来了，检查不细致，让我们钻了

空子。我说，校长，将在外，君命有所不受。校长说，胖怎么啦？他既然能考出好分数，就说明智力上没问题，为什么不收？这不是歧视吗？怎么也比残疾人好吧。我说，校长，为什么政策上要给百分之二十的余地，不就是让咱们有个挑拣吗？明明有好的，同样的身高，别人只有六十公斤，我为什么非得要他？他要真是残疾人，按政策必得收，别人倒是没话说。可惜他不是，这模样招到学校里，到处一走动，大家肯定得议论，这是谁招的学生？一准是走了后门！骂我不要紧，最后一定会把账算到您的头上。您想想，值不值得？您就对他的家长说，今年去你们省招生的那个教授不听招呼，我也管不了他，今后我给他个小鞋穿好了，请你们息怒。我把话说到这儿，校长那边就一个劲地咳嗽，我赶紧说了一句，校长您可得多保重身体，就赶快把电话放下了。

招生名额最后确定，像是摆八卦阵。好不容易一切就绪，马上要发录取通知书了，省招办来人找到我，说要把一个其他专业的考生，调到国际金融专业。我看着已经录到国际金融专业的三个考生，觉得个个优秀，把谁拿下来和公子哥对换，都舍不得。可我不能得罪人，今年学校派我来这个省，明年也许就是别人，要是把关系搞坏了，对全局有影响，只得狠下心来，换吧！具体和谁换呢？三个学生当中有两个是城里人，家长都有文化，我想要是万一有人较真理论起来，不好交代。其中分数最高的那个考生，是个乡下孩子，我想他能考上大学，心里已很知足了吧？他的志愿表上，也填了“服从分配”，咬咬牙，就牺牲他吧。于是那位公子上了炙手可热的国际金融，穷孩子上了普通的专业，一切如我所料，神不知鬼不觉，风平浪静。那年开学以后，我偷偷地找到那个乡下孩子，暗地里观察他，很英俊很聪慧的学生。我心里很难过，做了一件缺德的事，弹指之间，改变了一个孩子的命运。

招生组长苦笑着把故事一个个讲下去，我听得入神。最后我说，还有一个问题，您在招生过程中收过礼物吗？当然，要是您不愿回答，完全可以沉默。

他说，很多人都想问我这个问题，可是都吞吞吐吐，欲言又止。你当面问我，就是对我的信任了。说句实话，招生的日子，是我一辈子权力最大的时光，但是我不喜欢这种权势感，有很多人送礼，我都没有收，主要是想保持心里的宁静。啊，你让我想一想，要是说一次也没有收过，也不确实。我收过一次的，就是那个她父亲要给我扫地打水的女学生，开学不久是中秋节，给我送来了一袋小米，大约有两三斤的样子，缝在一个布袋里，说是全家的心意。我轻轻地摸了一下，里面没有金戒指钞票之类的硬物，就收下了。我给了她四块月饼，大三元的，价值当在小米之上。我还是不踏实，就向校长汇报了。校长说，有一件事，我一直想对你说……我很惶惑，说就是那个胖子的事吧？校长说，什么胖子，我记不得了。我要对你说的是，假如没有大的变化，明年招生还由你任组长。

我说，您主持了这么多年的招生，可有什么肺腑之言？

他想了想说，我很抱歉，我不是一个非常公正的招生人员，但好像也不是最坏的。实事求是地说，大概算个中等。我不是上帝之手，至多是上帝的指甲吧，在某种特定的情形下，被赋予了拨弄他人命运的力量，我的手指一动，有的琴弦喑哑，有的琴弦高昂。我是凡人，不可能没有私心和错误。法律和制度的完善，也许可以增加选择事物的透明性和公正度，但依我的经验，永远不可能有百分之百的公平。

人只有把自己锤炼得更坚强更优秀，命运才会叹息着服从你。比如那个被我迫害了的没有上成国际金融专业的学生，我可以更改他的专业，却不能阻挠他上大学，因为他的分数遥遥领先。只要他真热爱这门科学，以后还可以选修第二专业，报考国际金融的硕士博士……真正的上帝之手是没有的，如果一定要寻找，它其实就是你自己。

我看着招生组长的手，它颀长白皙，很柔弱的样子，指甲修得很短。握别的时候，感到它的无力和轻微的暖意。

红铁灼舌

红铁灼舌，你以为它是一道菜，你以为所用的舌一定是鸭舌猪舌或是狗舌驴舌。其实不。所说的舌，是人舌，也就是你我的舌头。粉粉的，温润的，其上如同铺设着北欧风格的木地板，有桦树皮色的薄白苔。当然，如果你病了，就可能是黄腻的苔。如果你病得不轻，苔就变得灰黑而有毛刺，好像被荒火掠过的山塬。

那一年，我跟随一名资深的电台记者，到塞北采访。大雪茫茫，我们嫌既定的路线看不到真实的乡村，就自作主张脱离了大部队，独自在积雪中跋涉。饥寒交迫中走到一个不知名的小庄，听到叮叮当当的响。循声而去，见到一间铁匠铺，虽然不能给我们以饭食，却毫不吝啬地赠予温暖。当手指不再僵硬，嘴角又可以微笑的时候，记者拿出了录音机。我说，采访吗？她说，只是录一些声音。我以为她要录下铁砧上铁锤和农具雏形相击打的过程，那是一种脆甜而又充满力量的节奏。她说，不，这种声音已经有很多人录过了，我要录的是……

正说着，色彩艳丽的铁坯在大锤小锤的扁压下，渐渐红颜老去。铁匠用细长的钳将它夹起来，毅然决然地丢进水中。在这之前，我们都没有注意到在屋子的角落里，蹲着一桶冰清玉洁的水。霎时，白浆样水汽蒸腾而起，一团团棉絮一般撕打着扑面而来，逼着你吸进肺腑，肝肠都烫了。我的确是先看到狼烟四起的景象，然后才听到纷至沓来的响动。由此也可以证明科学家的正确，光速是超过音速的。

铁件在冷却的过程中，极高的温度将贴身的冰水瞬忽间炙熟，无数水泡在迫不及待的飞升中遭遇凛冽寒气的打压，粉身碎骨的破裂和前仆后继的生成周而复始，火与水的相拥和离散都悲壮到猝不及防。如同闪电的不可修改，那些声音也充满了永不重复的创新惊喜，充满了毁灭过程中的纷杂和壮烈，让人在惊骇痛惜的同时敬畏造化的生死张力。

这就是著名的“淬”。金属部件在冰水中从高温区突然冷却，在你以为爆炸即将发生的时候，它们华丽地转身，反倒变得坚强和柔韧。后来的行程中，我不止一次要求同伴重播“淬火”片段。静静地，乡野间，在雪后，感受金属升华的暴躁热情，向往着粉身碎骨中蜕变的精彩。

在古老的阿拉伯文化里，如果你被人告了，如果怀疑你有罪，如果对同样的事情你和别人有不同的说法，难辨真伪，那么，法官们会把一块铁烧红，然后，请伸出你的舌头，承接这块火红的铁，好像一粒红枣放入精致的磁盘。舌头判案法的根据来自那时人们对心理学的知识：当一个人紧张的时候，会减少唾液的分泌，舌头和嘴唇变得发干。如果你心地安良坦诚无邪，面对着烧红的铁块泰然自若，神就会还你一个清白。铁块粘舌的时候，口中清水潺潺，有大量的唾液分泌而出，舌头就不会被灼伤，即使有伤，也很轻微。如果是真正的罪犯，舌面干燥如革，没有口水稀释高温，青烟爆起，焦腥扑面，案情就水落石出。

红铁灼舌，道德之淬。那时的人们对于真话有着近乎神圣的追随和爱戴。古人真是聪明也真是执拗，将精神对肉体的支配尊崇到痴迷。我不知道有多少坏人在这种严酷的鉴定面前图穷匕见，也不知道单单只是这样一种审判法的创建流传，是否就已具有了强大的威慑之力，让企图说谎者锁紧了颤抖的双唇。

很想把一些大大小小的铁块烧红，趁热送给一些夹带着泡沫的数字，送给一些庄严的承诺，送给一些经常响亮讲话的人，送给一些堂皇的规章和制度。当然了，也要准备几块小小的铁块，仿佛薄荷糖一样，留给自己。当我预备着把一些文字传递出去的时候，先要把红艳艳的铁块，放在心灵的舌头上驻留。如果我能经受住铁块的考验，把这种辛辣与严酷，当成曹操远眺时的一枚青果，口舌生津，那么，这些文字就可以插上羽毛放飞了。

从此惴惴，不敢造次。因为我知道一块燃烧的铁，是怎样的怪眼圆睁光焰璀璨，因为我知道要让红铁冷却，需要多少净水蓄势待发！一想到那沸腾盘旋的白气吱吱鸣叫扑面而来呛入咽喉的情形，虽然我没有说谎，不曾被审判，舌头就已经像被虫儿做了窝的枯叶，受惊地蜷缩起来，提防着疼了。

不能让自己的舌头成为一道菜。

电脑仆人

电脑是一位高贵的仆人。

说它高贵，第一是因为它的价格高，一台能听音乐能传真的多媒体电脑，对于工薪阶层来说，是身价最不菲的玩意儿。第二是因为它目前还听不懂我们的家常话儿，要用特殊的操作指令才能指挥得了它，交流起来有一定的难度。好像是一位异邦来客，需要打手势，彼此相处一段时间知晓了性格后，才可融洽。好在它聪明伶俐，脾气温顺，听使唤，随叫随到，不会给主人脸色看，也不叫苦不叫累。你让它干什么，它就干什么，以服从命令为天职，任劳任怨。

电脑就这样或蹑手蹑脚或大手大脚地走进了一个个家庭，潜移默化地改变着我们的生活。在某些人身上，简直引起了生存方式翻天覆地的变化。

一位下肢重残的青年，也许是机体的能量都灌注到上半身来了，他的大脑格外发达。他不甘寂寞，练过书法，试过写作，都成绩平平。爹妈嫌他好高骛远，担忧他这样想入非非，老人一死，靠什么养活自己呢？家人四处寻觅，终于找到了让残疾青年养活自己的招儿——往指甲钳上贴塑料的小装饰物，一天干十几个小时，粘五十把指甲钳，挣的钱够买一个馒头。

黏合剂的味道把人熏得双泪直流，泪眼朦胧中，年轻人好像看到自己暗淡的一生，被一把把指甲钳剪成破碎透明的残渣。他挺直了上半身，心想，一定要把我的聪明才智发挥出来，找一个秀才不出门，可办天下事的行当。他对老爹老妈说，我知道你们为我攒了一笔钱，打算临死的时候交给我，你们好放心地闭眼。可通货膨胀，你们给我留的那点血汗钱，用不了几年，原本买馒头的钱就只够喝粥的了。不如现在拿出来，让我干一件大事。爹妈说，孩子，你一天歪在家里，天下有什么大事能在床上办呢？残疾青年说，你们给我买一台电脑，然后配上专门的软件，剩下的钱，有多少都投到股市中去。爹妈吓得说，孩子，你以前只是腿脚不便，现在不会是脑子也有病了吧？青年冷笑着说，我以前脑子就好，现在再加上电脑，两个脑子加在一起，你们就等着发财吧！老人们看他狠巴巴的样子，含着泪照办了。

崭新的电脑搬回家，软件也装上了，小伙子埋头研究，然后选了一个自以为吉祥的日子，到证券部开了户，联了网，正式参加了炒股大军。他坐在床上，面对计算机屏幕观察股市的行情，专做短线。周一到周五，他一整天目光炯炯地注视着显示屏，随时打入打出，居然就旗开得胜，几乎没有失手，逢到股市大动荡的时候，平均每一个月财产就翻一番。他说，有人说中国的股市没规律，世上没有没规律的事情，没规律也是一种规律。股市没有风平浪静的时候，再牛皮的市也有波澜。看到过冲浪吗，只要你抓住浪的规律，总能在波峰浪谷中踏出一条前进的路。股市好就好在一切瞬间的信息都是公开的，电脑里的曲线就是股市的脉搏。我像一个老中医把脉，细心跟踪观察，就能从蛛丝马迹中看出端倪，寻出炒作的题材。大户庄家兴风作浪，你紧紧跟上，就没有不赚的道理。电脑把我和股市连在一起，赚钱变成了斗智斗勇的游戏。有时候，我看出某只股票即将暴涨，除了自己按着电话键，倾其所有大量买进以外，真想把喜悦与人分享，利益与人共沾了。我把消息告诉了所有的朋友之后还不尽兴，会拿着电话，信手胡乱拨一个号码，对他说，你炒股吗？以前多半碰到的回答都是，炒什么股？不懂不懂。我就立刻把电话放下，不再同他啰唆，心想我打算送你一把金钥匙，你却没预备下锁，这就怪不得我，是你没福气啊。我不气馁，再接再厉拨打，我终于会碰到股民，而且这种概率，随着形势的发展，越来越频繁了。当得到肯定的答复以后，我迫不及待地对他说，告诉你一个绝对可靠的消息，买 ×× 股票吧，求求你，听我的，没错，你一定会赚一大笔钱的……对方一般会说：神经病！然后“砰”地把电话挂断。也有个别懂行的人，会紧紧追问，你是谁？你怎么知道的？听谁说的？是不是有内线？……我回答他，我就是我，是电脑告诉我的……对方就说，电脑我也有，可是它不会说话……逢到这时候，我只有悲哀地把电话放下。他们不懂电脑，电脑是股市上警觉而忠诚的猎狗，嗅觉永不疲倦。计算机鼻子对金钱的灵敏胜人百倍，没有哪种股价的动荡与起伏能够逃脱它庞大的监测系统。人啊人，你太小看电脑了。

有一位老奶奶，八十八岁了，早年进过西洋学堂，性格不甘寂寞。看到孙儿们学习电脑，老人家也跃跃欲试。孩子们捂着嘴笑，又不敢忤了老祖宗的意思，料她不过心血来潮，三分钟的热度，便把一台淘汰了的电脑搬到她面前说，您就用它练练手吧。老人闹不清电脑的进化史，并不挑剔设备的优劣，端端正正坐到电脑跟前说，你们得派人教教我如何用电脑打汉字，我要用它给你们写信。众人原以为老人家会像敲凤凰琴似的，击击键盘过过瘾就迷途知返，金盆洗手了，不料如此认真，骇然之后，纷纷献计献策，介绍自己所用的汉字输入方法之利弊。老人听了一阵，不耐烦了，说，太复杂的我也记不下，我看这键盘上都是西文，就学一个以拼音为主的输入方法吧。一言九鼎，大家立刻商议派出刚上小学的重孙，教老奶奶学习汉语拼音。小教师殚精竭虑，老学生惨淡经营，终于有一天，满口吴侬软语的老奶奶学会了标准的汉语拼音输入法。老人家在一个清晨，神秘地掩上房门，开始用电脑给她的后代们写信。那封信诞生得很难，几乎用了整整一天。傍晚时分，老人捧着厚厚一沓信封，走出紧闭的房门时，目光中有少年人的活泼。她递给每个孩子一封信，略带羞涩地说，很抱歉，我还没有学会用计算机打出你们的地址和姓名，所以信封上的字，都是手写的。但信瓤儿绝对是电脑打印，请看看吧。孩子们急不可待又极端小心地打开了信封，但见每张洁白的信纸上，都用浓黑的魏碑体字迹打印着：“我爱你。”

那一刻，满堂无声。老人家用她所能掌握的最先进技术，表达了一个最永恒最古老的命题，嘴角露出青春的笑容。

当我见到这位传奇老人时，她已放弃用电脑写信，尽管她现在已能挥洒自如地调遣更多的汉字。“孩子们很古板，说是更喜欢保存我用手写的那种有些抖动的字。怪啦，如今老年人喜欢新潮，年轻人倒喜欢怀旧。”老人家摇晃着满头白发，大惑不解的样子，沉吟片刻后，她又说：“客随主便吧。我的电脑现在最主要的用途不是写字，是玩电子游戏。以前的机器内存太小，速度又慢，许多好玩的游戏都运行不了。他们打算糊弄我呢，被我识破了，对他们说，升级升级！现在，我有一台崭新的电脑，可以玩最新版本的游戏了。”老人说着，

指指蒙着蓝色蜡染布的电脑，得意之色溢于言表。我笑笑问道，“不知您老的游戏技艺如何？”老人很豪迈地说，“我最近正在研究《三国演义》，不必非得用刘备、孙权、曹操、诸葛亮、关羽、张飞这些杰出人物，我可用任何一员战将达到统一中原的目的……”老奶奶目如流星，激动地搓动双手。我注意到，她的手指有一种属于年轻人的柔韧光泽。

我认识一个孩子，十二岁，在国内的汉语网络上以化名发表了一系列关于目前学校教育对青少年身心健康影响的论文，观点犀利立论精当，读后有耳目一新之感。特别是他从一个孩子的角度，尖锐地表达一个弱小种类，对这个成人强权世界的激烈看法，令人感慨万分。当我向他表达敬重之意的时候，他荣辱不惊地说：“谢电脑吧。如果不是网络的空间，掩埋住我的身份，让我藏在其中，畅所欲言，传统媒体中，哪有我说话的份？没有刊物会发表我的意见，没有人会听到我的声音。电脑是一种技术，它可以帮助弱小者，谁掌握了它，它就为谁服务，不会因为某种传统的等级观念欺负人。电脑是一种可以用很小力气就能支配的力量，不像大刀长枪，非得身高丈二膀阔腰圆才成。”

“电脑是孩子的朋友。”小小的理论家很深沉地结束了他的谈话。

我举的三个例子，分别是残疾人、老人和小孩，他们是人类柔软而易于受伤的腹部。电脑在这些弱小的人群中，受到出乎意料的爱戴。它改变改善改造着他们的生存状态，将一抹淡青色的曙光，布在他们的天幕上。当一种科学技术，能够普遍地使人类受惠，使人类最需要帮助的那一部分人，感觉到自己拥有了支配它的力量，因此觉得自己强大起来……它就是一位高贵而受人欢迎的仆人。

翡翠菩提

在南亚某国王宫，供着一块美丽的翡翠菩提叶。它晶莹剔透，翠绿欲滴，没有丝毫杂质。最为奇特的是，在这块菩提叶中可见到清晰的脉络，丝丝缕缕渗透叶心，与真叶毫无二致。阴天时，若把它挂在御花园的树上，凭你火眼金睛，也找不到翡翠的踪影。不过别急，只要太阳一闪，你就立刻能发现它。它倾泻出的莹莹碧光把树荫全部染绿了。

翡翠菩提有一段故事。

一户贫苦山民，靠种菠萝为生。父亲对儿子莫罕说，祖上赶过马帮，到北方贩卖杂货，一次返程的时候，因为马背两边的分量不均，老祖爷就随手捡了一块石头，压在驮篓的一边。回来后，有人识货，说那石头原是一块翡翠，卖了个好价钱，祖爷才娶了祖奶，有了咱这一支人。

莫罕说，我要到北方去寻翡翠。

老父说，多少人都去找过翡翠。空手而归算好的，数不清的人死在了路上。

莫罕说，找不到翡翠，我不回来见您。

莫罕攀过无数大山，蹚过无数红水河，终于找到了一座山。山主说，山洞里，可能藏有翡翠。你给我挖矿石，干得好，年底我付给你一块矿石做工钱。

莫罕说，矿石就是翡翠吗？

山主说，小伙子，那就看你的运气了。矿石被一层砂皮包着，谁也不知道里面藏的是什么，挖翡翠是要赌的。挖宝的人挤破头，不干，滚下山吧。

莫罕留下来了。矿洞窄得像个蛇窟，艰辛危险。到了年底，山主说，我说话算话，你拣一块矿石吧。

莫罕挑了一块鹅蛋大小的矿石。他本想揣着矿石回家，但若万里迢迢赶回去，把矿石一打开，里面是普通的石头，老父该多失望啊！他就留了下来，一年后又得到了一块矿石。

矿石中含有翡翠的机会，也许只有万分之一。莫罕害怕无功而返，埋头干了十六年。

他决定回家。矿石装进麻袋，沉甸甸的如同金子。

山主说，你这样走远路，太不方便了吧？我帮你把矿石解开。是石头，你就扔掉；是翡翠，你就揣走。

莫罕答应了。

山主将矿石一块块解开。第一块是石头，第二块是石头，第三块还是石头……一直解了十四块，满地碎石。

山主说，你的手气太糟了，最后这两块矿石，算你卖给我好了。一块石头的钱，够你路上的盘缠。还有一块石头的钱，够你回家盖一间草房。

莫罕说，老爷，谢谢你的好意。但是，我只卖一块矿石。剩下的那一块，我要带回家，让我的老父看一看。

山主给了莫罕一块石头的钱，然后把莫罕退回来的那块矿石解开。随着工具的响声和砂皮的脱落，一块蓝绿如潭水的蛋形翡翠显现在大伙面前。

莫罕在众人的惊叹和惋惜声中头也不回地上路了。集市上，他看到一只巨大的蜥蜴被人耍着叫卖。他说，为什么不放它回竹林？

那人说，你买了，就能把它放回竹林。如果你不愿放走它，也可以用它的肉熬汤。

莫罕看到绿色的蜥蜴眼里哀怨的神色，动了恻隐之心，把仅有的盘缠掏出来，买下了巨蜥。到了竹林，他把巨蜥放生了，自己吃野果回家。没想到巨蜥不肯远离，总是伴他身边，夜里绕他而眠，保护他不受猛兽的袭扰。巨蜥看起来笨重，其实在丛林和山地爬行得很快，简直是草上飞。

莫罕回到家，父亲已经垂垂老矣。

“爸爸，我带来一块可能是翡翠的石头，和当年我们的老祖一样。明天，当着乡亲们的面把它解开吧。如果是翡翠，全村的人都有一份。”莫罕说。

“孩子，你回来了，这比什么翡翠都好啊。”父亲摸着矿石说。

第二天，乡亲们预备好象脚鼓，一旦翡翠现身，就敲鼓庆贺。没想到，万事俱备，矿石突然找不到了。于是有人说，什么矿石啊，出外鬼混了十几年，做梦吧！老父不停地解释——我看到了那块石头。可是没人信他的话。

莫罕想了很久，好像找到了答案，可是他什么也不说。

由于长年劳苦跋涉，莫罕病了。他为了弥补自己不在家时对老父的歉疚，加倍干活。他的病越来越重了。有人说，把巨蜥斩了熬汤吧，大补元气。莫罕说什么也不肯。

莫罕临死对老父说，求您一定善待巨蜥。如果它不肯走，那就等它寿终，才可把它剖开，埋在我的身边。

莫罕逝后，巨蜥不吃不喝，守候在莫罕的坟墓旁，几年以后，干瘦得如同一卷柴火，在一个夜晚悄然死去。

老父把巨蜥剖开，在它的肚腹里看到了一块硕大的翡翠。由于体液的腐蚀，矿石砂皮已完全剥落，露出了晶莹无瑕的质地。肠胃的蠕动，把翡翠切割成了菩提叶子的吉祥形状。巨蜥最后绝食绝水，内脏干枯，紧紧包裹着翡翠，镌刻下精巧的纹路，如同菩提叶子的叶脉。

后来，国王得知了这件奇事，给了山里人很多粮食和布匹，换走了莫罕老父的珍宝。

从此，寨子里的人都迁到城里了。只有一个孤独的老人伴着一座大的坟墓和一座小的坟墓，在菠萝地里恒久地守望着。

第四辑

每个人的心中
都有一个理想国

经历了大境界，
便不会觉得人生黯淡，
反而会觉得这个世界真是美妙绝伦。
在世界的进化链上，
每个人虽微不足道，
却可以而且应该为世界增添一些美丽。

深圳女“牙人”

起因是我在那座五星级的酒店里不好好走路，东张西望，看了那扇紧闭的小门一眼。

就在我张望的那一瞬，小门突然开了，我看见许多如花似玉的女孩端端正正地坐在里面，全神贯注地听一位女士讲着什么。

在特区，美丽的女孩不算稀奇，好像全中国的美女都集中在这里了，她们要以自己的青春、美貌、智慧和胆略换取更多的地位与金钱。除了那些使用不正当手段的，一般来说我很钦佩她们。

女孩们脸上的神情打动了我。小门后面是一间宽敞豪华的多功能厅，排着桌椅，好像临时布置的课堂。不知在传授着什么诀窍，她们沉迷得如醉如痴。

恰在此时，那位主讲的女士回了一下头，使我清晰完整地看到了她的形象。她穿一身黑丝裙，泛着华贵高雅的光华。但是，她长得好丑啊！两只距离很远的鼓眼睛，架着烧饼一般厚重的大眼镜，很像一个先天愚型的脸庞。特别是她的牙齿，猛烈地向前凸，好像随时要拱什么东西吃，人们俗称这种人为：龅牙。

但有一种威严像光环笼罩在她的周身，使课堂上所有的靓丽女子都屏气吞声地听她讲课。她叫起一个非常娇美的女孩，说，你讲讲，听了我的课，你以后打算每月挣多少钱?

那个女孩很有魅力地说，我以前在政府当文员，每月薪水一千五百元，我既然干了这一行，起码收入要翻一番，每月三千元，我想差不多。

龅牙女士问:“大家觉得怎样?”女孩们窃窃笑着，表示赞同。

龅牙女士一字一句地说，假如你们有一天挣到刚才说的那个数，就是每月三千元，我对你们有一个要求，就是无论走到哪里，无论什么人问起，你们都不要说是我的学生。这太丢人了！你们每个月最少要计划挣到一万元。

全场大骇。

就在这一刻，我萌发了采访龅牙女士的愿望。

她是一位专做金融期货的交易所经纪人，是资深的行家里手了。

经纪人是一个陌生的名称，是在商品交换中专门从事介绍交易，以获取佣金的中间人。古称“牙人”，专门为买方和卖方牵线搭桥，在欧美等经济发达国家，经纪人行业极为发达。随着我国改革开放事业的发展，新的经纪人也从东方古老的地平线升起来了。

龅牙女士要同世界上几个大的交易所同步工作，由于时差，每天都干到夜里两点，上午又要分析路透社的电讯，我们只有利用共进午餐的时间交谈了。

奢华典雅的西餐厅，枝形吊灯像一树金苹果，在我们头顶闪耀。

我特地带了几百块钱，预备做东，心里忐忑着，不知这位腰缠万贯的富豪小姐会不会消费超出我的预算！没想到她素手一挥说，今天我做东。

所有的动力
都来自内心的
沸腾

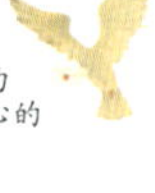

我说，那怎么好意思？已经浪费了你的时间，再要你破费，不是太说不过去了？她说，不要争了，我喜欢做东，喜欢最后一招手叫小姐买单的豪迈。我要谢谢你给了我这样一个机会。说罢她详细地问了我的喜好，为我点了法国蜗牛、水鱼汤、甜点和一客叫“雪山火焰”的冰激凌，而她自己只要了一份行政午餐。

面对着这样的小姐你还能说什么？我只有精心地用钳子去夹蜗牛。见她的脸色不大好，我关切地问她是不是病了？

不想这一句，她的脸色倒空前地红润起来。昨天晚上累的呀！她说，日本熙川内阁总理辞职，引起美元对日元汇率比价的大动荡，昨天晚上我不断地下单子，所有的单子都在赚。一夜之间，我为我的客户赚了十五万美金，所以现在神经还松弛不下来。

我瞠目结舌。那你也能得不少报酬吧？我问。

没有。一分都没有。龅牙女士平静地回答我。除了应有的佣金，无论我们为用户赚了多少钱，我们都拒绝接受额外的报答。

为什么？你毕竟是用自己高超的智慧为他赚了大钱啊！出于人之常情，也该这么办事的。我说。

我们是在用用户的钱做生意，事先已经说好了固定的佣金，其余赚了的钱自然都是客户的。我们每一笔账目都是有据可查的，不能多拿一分。这是我们这一行的职业道德。龅牙女士很仔细地吃她的蛋炒饭，以同样的仔细回答我的问题。我说，既然你们为用户赚不赚，拿的佣金都是一定的，那你们会不会不认真做呢？

她说，不会。干这一行需要很强的责任心，如果你不认真，老给你的客户赔钱，他就不让你做了，你的坏名声就传出去了，你就是想做也做不下去了。我们也像老字号一样，有自己的声誉呢。比如我，客户就多得很，遍布全国。一般的小客户我是不接的。龅牙女士颇自豪地说。

我频频点头，但突然出其不意地问，您现在当然是门庭若市了啊，可是从前呢？您初入市的时候，人们也这么抢您吗？

她陷入了沉思……我替那时的她发愁。

是啊。但我这个人别的本事不敢说有多少，但绝对地有勇气。我翻电话簿子专找那些有名的大公司，指名点姓地要见总经理。我说，我给你们送来了一个绝好的发财机会，就看你们能不能抓住。

结果呢？我替她捏一把汗。结果是我打了四百个电话，只有一个总裁愿意当面听我说说关于期货的投资问题。

后来呢？我简直有点紧张了。因为我知道女人给人的第一面感官印象是多么重要，龅牙女士这么不扬的外貌，纵是她再踌躇满志，只怕人家一见了她的面孔，也要三思而行。更不消说大公司里簇拥着花团锦绣的小姐，叫她们一陪衬，龅牙女士非无地自容不可。

我试探着说，全国最美的佳丽云集特区，您在工作中有无感到压力？

她优雅地笑了，暴起的牙略略收敛了一些。你是说我长得有些困难，是不是？她一针见血地说。

我也索性开门见山。是啊，心灵美自然是很宝贵的，但外貌美在初次打交道里，也非常重要。特别是在特区，特别是对女人。我有些残酷地指出这一点，且看她如何作答。

她爽朗地大笑，全然不顾女人笑不露齿的古训。况且她的牙始终不屈不挠地暴凸在外面，就是想掩藏也是徒劳。笑罢，她很严肃地说，你说错了。特区以貌取人不假，但那是指的衣着之貌，而非相貌之貌。

我长得这个样子，不但未使我的工作受挫，反倒帮了我的大忙。

看我不解，她接着说，假如你在特区看到一个非常美丽的女子，同你探讨投资的事，你的第一个念头肯定是，她没准是个骗子。老板可能乐意同她搭讪、跳舞或是喝咖啡，但绝不放心把钱交到她手里。我出马的时候，就免了这样一层猜度。再者，假如哪个漂亮的女人做成了什么事业，人们首先怀疑她是否利用了自己的美色，而对她的真才实学持考察态度。她在无形之中先失去了人们的信任，而我则得天独厚。第三，中国人是很相信老祖宗留下来的话的，人人都会说，人不可貌相，海水不可斗量。一般人看到我这样一个貌丑的女人，竟敢气宇轩昂地走进写字楼，几乎不容置疑地判定我有超人的技艺，对我另眼看待。第四，我要见到总经理总裁这一类的角色，免不了要同秘书小姐打交道。特区的秘书小姐往往是多功能的，这我不说你也知道。她们对来访的女宾警惕性格外的高，尤其是靓女。她们对我天生不设防，甚至还怀着淡淡的怜悯。这为我的工作提供了不少的方便。我在心里暗暗地对她们说，其实你们不过是老板的雇员，而我则是他的伙伴——投资顾问。我价值要高得多。第五，免去了许多人的想入非非。这一点我不解释你可以明白的，因此，我得以潜心研究期货操作的理论与实践，我对这一行充满了热爱与投入……

面对着她钢铁一样的谈话逻辑，我心悦诚服。面对着这样一个既很丑也不温柔的龅牙女子，你会觉得她的灵魂高贵而倔强。

我说，你也是一种女人的典范呢。

她矜持地微笑说，你不要夸我，我正准备教那些新来的女孩学坏。

我骇了一跳。我已知道那些女孩是期货代理公司新招聘的经纪人，经过刻苦的学习，就要开始正式工作了。龅牙女士说，你不要惊奇，我主要是教会她们享受。她们必须要买名牌的西装，以保持永远仪表高雅。必须每天都用名贵化妆品，以使自己的面部看起来容光焕发。出门必须“打的”，绝不能去挤公共大巴。她们必须学会进高档歌舞厅，借剧烈的体力运动宣泄掉白日脑力的紧张。她们必须吃正规的中餐或西餐，绝不允许在大排档上凑合吃一碗云吞或是摊个煎饼……

我说，想不到你还这样事无巨细地关心女经纪人的健康。她冷冷地说，我不是关心她们的健康，我是关心她们的饭碗。

我还不觉悟，说，是怕大排档不干净，坏了她们的肚子？她说，是怕她们的客户看到她们狼狈不堪地从公共车上走下来，满头满脸的汗，吃着肮脏的小吃，这样客户还会把几十万上百万的投资交给我们吗？

我担忧地说，这么大的花费，这些初入行的女孩能承担得起吗？她说，可以去借呀，会用别人的钱赚钱的人，才是聪明人。她们必须学会享受，享受可以激发人的欲望。你想拥有美妙的生活吗，你就得好好地干。当然我说的是用正当手段去挣钱。假如一个人，特别是一个女人，只满足于吃糠咽菜，她是注定不会有什么大出息的。假如你享受过了，你就不愿意再过苦日子，你只有拼命地去做，去挣钱，来维持你优越的生活。且不说在这种工作中你还赢得创造的快乐。我对面前的龅牙女士刮目相看，她把一种陌生而充满活力的关于女人的观念，像那盏美味的水鱼汤一样，灌进了我的胃。

我们沉默着，沉默不是金，是一种思考。

她突然微笑着说，你猜我现在想什么？我说，在想一个庞大的计划吧？她说，不是啊。我在想，明天我再见到那些新来的女孩子，要对她们交代一件事情，那两天讲课时，忘记了。我说，什么事这么重要呢？

她说，我还要告诫她们，只要你当一天经纪人，腿上就永远不能穿四股丝袜，而要穿连裤袜。

我说，一双袜子还有这么多讲究吗？

她说，当然啦，一个在同老板讨论大投资的女经纪人，如果突然感到她的丝袜的松紧带要掉，她就会惊恐万分，会把大事耽误了。

我的目光已经注意不到她的龅牙的缺憾，只觉得她的脸上自有一种和谐。

她潇洒地一挥手，说：小姐，买单！

女抓捕手

参加活动，人不熟，坐车上山。雾渐渐裹来，刚才还汗流浃背，此刻却寒意浸骨。

车猛地停下，司机说此处景色甚美，可照相，众人响应，熙熙攘攘同下。我刚踏出车门，劲风扑面呛来，想自己感冒未好，若是被激成了气管炎，给本人和他人都添麻烦，于是沮丧转回。

见车后座的角落里，瑟缩着一个女子，很神往地向外瞅着。

我问：“喜欢这风景，为什么不下去看呢？”

她回过头来，一张平凡模糊的面孔，声音却是很见棱角，说：“怕冷。我这个人不怕动，就怕冻。”

我打量她，个子不高，骨骼挺拔，着飘逸时装，没有一点儿多余的赘肉，整个身架好像是用铁丝拧成的。

她第二次引起我的注意，是偷得会议间隙去逛商场。我寻寻觅觅，两手空空，偶尔发觉她也一无所获。我说：“你为何这般挑？”

她笑笑说：“我不要裙子，只要裤子。好看的裤子不多。”

我说：“为什么不穿裙子呢？我看你的腿很美啊。”

她抚着膝盖说：“我也很为自己抱屈，但没办法啊。你想，我买的算是工作服，能穿着裙子一脚把门踹开吗？”

我如受了惊的眼镜蛇，舌头伸出又缩回。把门踹开！乖乖，眼前这个小女子何许人？杀人越货的女飞贼？

见我吓得不浅，那女子莞尔一笑道：“大姐，我是警察。”

我像个真正的罪犯那样，哆嗦了一下。

后来同住一屋，熟悉了。她希望我能写写她的工作。当然，为了保密，她做了一些技术性的处理。

她说：“我是抓捕手。一般的人不知道抓捕手是干什么的，其实我一说，您就明白了。看过警匪片吧，坏人们正聚在一起，门突然被撞开，外面有一人猛地扑入，首先扼住最凶恶的匪徒，然后大批的警察冲进来……那冲进来的第一个人，就叫抓捕手。我就是干那个活儿的。”

我抚着胸口说：“哦哦……今天我才知道什么叫海水不可斗量。别见笑。请问，抓捕手是一个职务还是职称？”

她说：“都不是。是一种随机分配。就是说，并没有谁是天生的抓捕手，也不是终身制的。但警察执行任务，和凶狠的罪犯搏斗，总要有人冲在最前头。”

我忍不住插话：“就算抓捕手是革命分工不同，也得有个说法。像你这样一个弱女子，怎能把这种最可怕、最危险的事，摊派到你头上呢？”

她笑笑说：“谢谢大姐这般关怀我。不过，抓犯人可不是举重比赛，讲究多少公斤级别，求个公平竞争。抓捕是没有道理可讲的，抓住就是胜利，抓不住就是流血送命。面对罪犯，最主要的并不是拼力气，是机智，是冷不防和凶猛。”

我说：“那你们那儿的领导，老让你打头阵，是不是也有点儿欺负人？险境之下，怕不能讲女士优先！”

她说：“这不是从性别考虑的，是工作的需要。”我说：“莫非你身藏暗器，乃一真人不露相的武林高手？”

她说：“不是。主要因为我是女警。”

我说：“你把我搞糊涂了。刚才说和性别无关，这会儿又有关。到底是有关还是无关？”

她说：“您看，刚才我跟您说我是抓捕手，您一脸瞧我不起的样子，嫌疑人的想法也和您差不多（听到这儿，想起一个词——物以类聚。挺惭愧的）。当我一个弱女子破门冲进窝点时，他们会一愣，琢磨：‘这女人是干什么的？’这一愣，哪怕只有一秒，也赢得了最宝贵的时间。狭路相逢勇者胜啊。特别是当我穿着时装、化了浓妆的时候，准打他们一个冷不防……”

我看看她套在高跟鞋里秀气的脚踝，说：“这是三十六计中的‘兵不厌诈’。只是，你这样子，能踹开门吗？”

她把自己的脚往后缩了缩，老老实实地承认：“不行。”

我说：“那你破门的时候，要带工具吗？比如电钻什么的？”

她说：“您真会开玩笑。那罪犯还不早溜了？我现在不能踹开门，是因为没那个氛围。真到了一门隔生死，里面是匪徒，背后是战友，力量就迸射而出。您觉着破门非得要大力士吗？不是。人的力量聚集到一点，对准了门锁的位置，勇猛爆发，可以说，谁都能破门而入。”

我神往地说：“真的？哪一天我的钥匙落在屋里时，就可以试试这招了，省得到处打电话求人。”

她很肯定地说：“只要您下定了必胜的信心，志在必得，门一定

应声而开。”

我追问：“进门以后呢？”

她说：“是片刻死一般的寂静。然后我得火眼金睛地分辨出谁是最凶猛的、最大威胁的敌人，也就是匪徒中的头羊，瞬间将他扑倒，让他失去搏杀的能力。说时迟那时快，战友们就持枪冲进来，大喊一声：‘我们是警察！’……”

我打断她，说：“且慢且慢。难道你不拿枪，不喊‘我是警察’吗？”

她非常肯定地说：“我不拿枪，并且绝不喊。”

我说：“怎么和电影里不一样啊？”

她说：“那是电影，这是真拼。我如果持枪，就会在第一时间激起敌人的警觉，对抓捕极为不利。如果我有枪，必是占用最有力的那只手，就分散了能量，无法在最短时间内将匪首击倒。再说，既是生死相搏，胜负未卜，如果我一时失手，匪徒本无枪，此刻反倒得了武器，我岂不为他雪中送炭，成了罪人？所以，我是匹夫之勇，赤手空拳。”

我说：“那你不是太险了？以单薄的血肉之躯，孤身擒匪。说实话，你害怕过吗？”

她缓缓地说：“害怕。每一次都害怕。当我撞击门的那一瞬，头脑里一片空白。这一撞之后，生命有一段时间将不属于我。它属于匪徒，属于运气。我丧失了我自己，无法预料，无法掌握……那是一种摧肝裂胆的对未知的巨大恐惧。”

我说：“你当过多少次抓捕手了？”

她说：“二百四十三次了。”

我又一次打了哆嗦，颤声问：“是不是第一次最令人恐惧？”

她说：“不是。我第一次充当抓捕手之前，什么都没想。格斗之后，毫发未损，按说这是一个很圆满的开端和结局。可是，犯人带走了，我坐在匪徒打麻将的椅子上很久很久站不起来，通体没有一丝力气。无论瞧什么东西，连颜色、形状都变了，仿佛是从一个死人的眼眶往外看。

“经历的风险越来越多，胆子越来越小。您一定要我回答哪一次最恐惧，我告诉您，是下一次。”

我说：“既然你这么害怕，就不要干了嘛！”

她说：“我只跟您说了恐惧越来越大，还没跟您说我战胜它的力量也越来越强了。如果单是恐惧，我就坚决洗手不干了，想干也干不成。不是，恐惧之后还有勇气。勇气和恐惧相比，总要多一点点。这就是我至今还在做抓捕手的原因。”

我叹了一口气说：“你受过伤吗？”

她说：“受过。有一次，肋骨被打断了，我躺在医院里，我妈来看我。我以前怕她担心，总说我是在分局管户口的。我妈没听完介绍就大哭了，进病房的时候，眼睛肿成一条缝。我以为她得骂我，就假装昏睡。没想到她看了我的伤势，就嘿嘿笑起来。我当时以为她急火攻心，老人家精神出了毛病，就猛地睁开了眼。她笑了好一会儿才止住，说：‘闺女，伤得好啊。我要是劝你别干这活了，你必是不听的。但你伤了，就是想干也干不成了。伤得不算太重，养养能恢复，还好，也没破相……’

“伤好了以后，我还当抓捕手。当然瞒着老人家。但我妈的话，对我也不是一点儿效力都没有。从那以后，我特别怕刀。一般人总以为枪比刀可怕，因为枪可以远距离射杀，置人于死地。刀刺入的深度有限，如果不是专门训练的杀手，不易一刀令人毙命。不是常在报上看到，某凶手连刺了多少刀，被害人最终还是被抢救过来了吗？

“我想，枪弹最终只是穿入一个小洞，不在要害处，很快就能恢复。如果伤在紧要处，我就一声不吭地死了。死都死了，我也就没什么可怕的了。所以说枪的危害，比较可以计算得出来。但刀就不同了，它一划拉一大片，让你皮开肉绽、血肉模糊，但你还没死。那样，假如我妈看到了，会多么难过啊，我也没脸对她解释。所以，我为了妈妈，就特别怕刀，也就特别勇敢。因为在那手起刀落的时刻，谁更凶猛，谁就更有可能绝处逢生。”

话谈到此，我深深地佩服面前这个貌不惊人的女警察了。我说：“你为什么选择了这么一份危险的工作？”

她说：“我个子矮，小的时候老受欺负。我觉得警察是匡扶正义的，就报名上了警校。人们常常以为，大个子的人才爱当警察，其实不。矮个子的人更爱当警察。因为高个子的人，自己就是自己的警察。”

分手的时候，她说：“能到大自然中走走，真好啊。和坏人打交道的时间长了，人就易变得冷硬。绿色好像柔软剂，会把人心重新洗得轻松暖和起来。”

在断肋上放钱

那天，我一坐上这辆出租汽车，就觉出司机的不同凡响。他目光锐利，我刚报出要去的地名，他就说：“您是去讲课吧？您预备的时间不充裕，不过，我给您紧赶着点，估计误不了事。”我很惊奇，因为我只说了一个大概的方向，并无更具体的线索。难道我的身份和目的，已经这样彰显在脸上了吗？看来，我的城府实在太浅了。这样一想，我就紧紧地钳闭了嘴唇，决定让这个料事如神的司机，再也看不出什么来。

但是，过了一小会儿，我就不得不问他，“我坐的这个副驾驶的位置上，可装有安全带？”

他笑了，说：“您知道，这种低档的出租车，哪里配有安全带？您觉得我开得太快是吧？想委婉地提醒我，好，谢谢了。”

我打过无数次的出租车，但像这样聪慧到狡猾的司机，真是第一次遇到。

他的车开得极好，红色的车体，犹如一只沸虾，在车流中穿梭行驶，自在快捷。路旁，闪过一片绿荫，粉红色的豪华别墅，如片片樱花散落其中。为了打破尴尬，我随口说道：“普通老百姓，看到这样的富贵之区，保不准会生出闹革命的心情。”

司机说：“有那么严重吗？通常我不说，但我愿意告诉您，我就住在这里。”

我大吃一惊，看他的脸，是否说谎？好歹我读过心理学博士课程，自认为明显的胡说，还是可以分辨出来的。

我看到一张不动声色的侧影。

他说：“您怀疑我，是吧？一个开出租车的苦力，按过去的说法，就是拉洋车的骆驼祥子，怎么住得起这样每平方米上万元的住宅？”

被他点破，我有点不好意思。毕竟萍水相逢，纵是他吹牛，我也没有评价他道德水准的责任。

我说：“不是不相信啦，是吃惊。”

他说：“我没有怪您。别说是您，连这片住宅的新任保安，查看了我全套的证件之后，往往还是不让我进去。我索性挑明，说你们是不是认为一个开出租的不配住在这里啊！不是说劳动致富光荣吗？我的每一分钱都是血汗挣来的，你们为什么不让我进自己的家？”

我姑且相信他说的是真话，这勾起了我的好奇心。

我说：“你怎么会挣到这么多的钱呢？据我所知，一个出租司机，就是每天二十四小时不休息，也不可能赚下此等的豪宅。”

他熟练地左打右打方向盘，目视前方说：“单是开车，我自然挣不了这么多的钱。我还有一门手艺，和开车一起做，就像豆子和玉米套种，产量自然就高了。”

我说：“什么手艺呢？”

他说：“武术。”

说着，他把抓着方向盘的手腾了出来，在我面前晃了晃。指爪如鹰。

“有一位大老板，看中了我的功夫，租下了我的车，让我担任车夫兼保镖。一做就是十几年，我的所得当然就丰厚了。”

我环视四周说：“既然有这般美差，为什么又不做了呢？”这是一辆很普通的甚至可以说是破旧的夏利车，看来司机当年开的必不是它。

司机说：“陪着老板，看到了太多不该看到的事情。老板干什么都不避讳司机的，什么事，我都知道。他喝酒的时候，我喝饮料。我比他清醒。无数的尔虞我诈，坑蒙拐骗。有时，他明明寻花问柳，我还要替他编谎。我常常半夜醒来问自己，你冬练三九夏练三伏，好不容易得了这一身功夫，就是为了保护这样一个人渣吗？后来，我终于辞职了。我不能为了钱，把我整个人生的目标都毁了。我改开普通的出租车，再没了那般豪华。冬天冷，夏天热，可我心里安宁。我在马路上拉老百姓。他们要么是为了公事，要么是有急事，或者是看病赶火车，或者是上班怕迟到扣奖金，才破费一次打车。我愿用自己的本事为这些人干活，到手的钱虽少，踏实。”

我说：“你一转身做了这么大的改变，家里的人同意吗？”

他说：“不同意。过去我老婆下了夜班，如果老板不用车，我会开着奔驰去接她。现在呢，只有小夏利了。她觉着不威风。我说，别不知足，我和那样的老板在一起，也许有一天，我再也不会来接你，改接别的女人了。夏利虽小，却是咱们自己的。”

我听得频频点头，突然，我发觉在我和他之间，没有出租车必备的隔离栅。

我说：“为什么你这车不装防护装置呢？是忘了，还是故意的？”

他怪怪地笑笑说："故意的。出租公司统一收钱装隔离栅，我交了钱，但是，我不让他们装。"

我说："你很想碰上打劫的，练练你的功夫？"

司机说："正是。不然，我这一身的功夫，岂不明珠暗投。所以，我下午睡觉，专练半夜的活儿，尤其是在酒馆、歌厅这种五行八作之人出没的地方转悠。越到半夜时分，越是斗志昂扬。越是看到贼眉鼠眼之辈，别的出租车司机避之唯恐不远，我偏过去搭讪……"

我听得心惊胆战，问道："碰上了吗？"

他洋洋得意地说："久在河边转，哪有不湿鞋的？功夫不负苦心人啊，前不久，还真让我赶上一回。那一天，半夜两点多了吧，我在马路边上扫活，有一个老实巴交的人和三个酒气熏天的小伙子脚前脚后地举手打车……要是平常日子，我一准儿会拉那个老实人，但是，这一回，我的心突突跳，直觉到我盼望已久的一个机会来了……我在心里对那位老实人说，对不起您了，先生！好在这里是要道，我不拉您，用不了多长时间，也定会有出租经过。我要完成我的一个愿望去，请您原谅。这样想着，我就把车停到那几个醉鬼身边了……"

听到这里，我打断了司机的话："那么远，怎么能知道他们喝醉了？你隔着窗玻璃，就闻到了酒味？"

司机说："问得好。您是个细心人。平常我拉客人，除了特殊的病人，我绝不把车停在他跟前，而是一定要有一段距离，让他不能一步跨上车，而要走动几步。"

我不解道："这有什么不同吗？"

司机说："大不同。我要看看他的步态。喝没喝酒，有没有病，健康如何，甚至身上有没有功夫……这几步走，就什么都告诉我了。

还有，喝了酒的人，喘气是向前吹的……”

我说：“喔，原来是这样。后来呢？”

司机说：“后来他们就上了车，说了一个很偏僻的地名。他们怕我不去，竭力装出斯文的样子。其实，我哪能不去呢？我盼了许久，才盼到这样一次巧遇。求之不得啊！车在郊区的路上跑得很快，我摇下车窗，任凭冷风像巴掌一样抽打全身，我要冷静一点，别误伤了无辜。路越来越黑，夜越来越深，那三个小伙子，酒好像也醒了，悄无声息地包围着我。突然，一个说——停车！我说，你们要去的地方还没到呢。三个一齐说，叫你停你就停！你要不停，我们立刻就戳死你！于是，我看到了寒光闪闪的刀锋，对着我的右腮下方。这正是我梦寐以求的情形啊！我对他们说，哥们，别这样！你要是在车上动了凶，一来我临死前乱扑腾，对安全不利。二来血溅得哪都是，你卖这车的时候，人家杀价。三来你再开着跑的时候，若是警察一眼看到了，必得引起怀疑。所以，给我点时间，我把车靠靠边，大家都方便。他们愣了，一声不吭，我就算得了默许，把车开到一条小岔路上，停了下来。他们围过来，把我一天辛苦挣下的钱，都抢在手里。我一点都不反抗，由着他们欺负。钱抢完了，领头的一个说，怎么这么少？是不是还藏在哪里了？我说，凭力气干活的人，就像靠天吃饭，有什么准头，不容易啊！一个大个子狞笑着走到我身边说，哥们成全你了，从今后，你就再也没烦心事了……说着，一道寒光就冲着我的咽喉过来了。旁边的一个小个子还搭腔道，先做了他的眼珠子，省得死了眼里还留着咱们的影像……一切都确凿无疑了。我全身的血顿时开了锅，抖擞精神，飞起一脚，先踢飞了大个子的刀子，然后顺势一跺脚，把他的腿骨裂了。再一个鹞子翻身，落地时掰断了领头那

断的手腕子。最后，轻轻一点，把小个子的肋骨按折了……”

我倒吸凉气，说：“天啊！好利索！只是，那还不血流成河了？”

司机说：“现场一滴血都没有。我伤他们，都不是要害。只是剧痛，让他们再不能伤人。然后，我把他们抢我的钱，都拿了回来。最后，我把他们的钱包打开了……”

我说：“除暴有理，但你这就不合适了吧？正当防卫没错，但是私取他人财物……”

司机不理我，自顾说下去：“我打开了他们的钱包，三人也真够惨的，加在一起，才一百五十元钱。我都拿走了，然后把二十七元钱放在那个断了肋骨的人身上……你肯定问这是为什么。告诉你吧，我看了一眼我的里程表，上面标的钱数是一百二十三元。半夜三更的，我不能白拉这趟活儿啊，你说是不是？”

我连连点头说：“是。这是你该得的钱。但是，我还有一点担心，你就不怕他们报复？”

话说到这里，很遗憾，我的目的地到了。司机为我开了收据，说：“我对那三个躺在地上喊爹叫妈的家伙说，如果你们要报复，下次就不是断肋骨而是断脖子的事了。我的车牌子他们都看到了，我不怕。从那天到现在，我一直在等着他们。”

我目送着这辆破旧的红色夏利车远行。

楼梯拐弯的女孩

一天我下班，邻居大叫，哎呀呀，你怎么才回来！那女孩在楼道里整整坐了一下午，叫她进屋，怎么也不肯，冻得抱着膝盖，不停地跺脚……大妈说着，指指楼梯拐弯处的第一级台阶，有报纸大小的一块水泥地面，显得很洁净，泛着摩擦过的清光，再下一层的阶梯上，有花纹细碎的泥屑。

我摸不着头脑，说，女孩？哪来的？为什么要坐在楼梯上？

大妈说女孩是外地来组稿的编辑，久候我不到，刚刚才走。我想这姑娘也够冒失的，为什么不先打个电话呢？彼此又不认识，哪怕就是在公共汽车站相遇，也会擦肩而过。看着窗外苍茫的夜色，心中又渐渐不安，升起缕缕牵挂。不知那女孩今夜何处安歇？楼道里穿堂风那么大，她会不会感冒？

女孩打了电话来，很幼嫩的声音，说要与我面谈。我说昨天烦你久等了，要是事先联系一下就比较稳妥，很抱歉啊。她咯咯一笑说，您不必不安，我是故意不打电话的。要是先通了气，您以写作忙推托，不肯见我，我的组稿任务就难完成了。似这般不速之客找上门去，碰上了自然好，纵是遇见门锁白等了，也会给您留下一个很深刻的印象。

我听她说话没有感冒的喑哑，放下心来，忙说，印象真是很深呢。只是我今天还要上班，好多人挤一间办公室，谈话不便。组稿的事我牢记在心，有了合适的稿子，一定寄上。见面的事，就免了吧，北京这么大，你人生地不熟的，南城北城地跑，太辛苦啦。

电话线的那一端沉吟了片刻，很果断地说，还是要见一面。因为我们主编说了，不亲见作者，就不给我报销来回的卧铺票。

我一惊，想不到自己的脸还和人家的经济挂了钩，这是非同小可的事，赶快就定了时间。见面一看，女孩清清秀秀的，说是自小酷爱文学，大学刚毕业，去杂志社应聘，试用期的第一个任务就是京城组稿。组到了，就可以留用。组不到，就得另谋高就了。

我忙说，一定努力，争取早日完成任务。

女孩追问，那您究竟何时给我稿子呢？最好说得准确些。

我踌躇了一下，说稿子就像庄稼，每茬有个生长期。我不是高产的优良品种，没法多快好省地打出粮食来。就是马上放下手里的活儿，另起炉灶，速写一篇给你，也还需相当长的酝酿阶段。不过我既答应了你，就会竭尽全力抓紧，你放心吧。

女孩急了，说你要是不给我一个准日子，主编会说我办事没谱，也许是虚晃一枪，怎么办呢？

想想也是，主编肯定是更负责的人。没办法，只有陪着她一道叹气。到底是年轻人，片刻后有了主意。女孩说，这样吧，您给我写个字据，就说保证在何年何月何日之前，把一篇几万字的稿子寄到我们杂志社。底下签上您的大名，写上今日时间，最好精确到分。您觉着如何呢？

我只有觉得好，按女孩的要求去做。选了一张干净纸，每一个字都写得很工整，阿拉伯数字尽量规矩，特别是签名，更是一笔一画，绝不能让人误以为漫不经心。写完，我把字据折叠好，很郑重地递到女孩手上，感到一种承诺随之降临。

女孩没接纸，思忖半天说，要是主编觉得这不是您的亲笔，以为是我随便找了个旁人代写的，怎么办呢？

我完全灰心丧气，不知如何是好。想说要是主编不相信，可把笔迹送到公安机关鉴定一下，又觉哪里值得人家这般兴师动众，实在是自作多情，只有不作声。

女孩考虑了较长时间后说，只有辛苦您了，重写一张字据，快写完的时候，我照张相，把您和纸上的字迹一道摄入镜头。人字一体，证据确凿，主编自然无话可说啦。

我俯下身子，慢慢地写，按女孩的吩咐，反复调整着纸的角度。写到结尾时，耀眼的镁光灯一闪。

告别的时候，女孩说她和在澳大利亚留学的表妹，很喜欢我的作品。我拿出两本书，签了字送她。

女孩走了，除了接过我送她书的那一瞬，脸上透出天真的笑容，眉头始终淡淡地锁着，我知道她还在为今后犯愁。送别的时候，她走出很远，还回头向我招手。我突然发现她的一条腿有轻微的跛行，心就一下拧紧了——她是不是在我家楼梯拐弯处的台阶上，冻得关节疼了呢？

我断臂的姐姐

我有一个妹妹，比我年轻（这是废话啦），聪慧机警。她在北大读完计算机专业，到一家工厂当工程师。多年来，她一直是我作品的忠实读者，经常提出一些很尖锐很中肯的意见，使我受益匪浅。

原以为我俩一文一理，是两股道上跑的车，绝无聚头的日子。不想随着国门打开，洋货涌入，国产计算机的局势日见危急起来，妹妹所在的工厂濒临倒闭，最后竟到了只发微薄的生活费的境地。

一日，老母对我说，看你写些小文章，经常有淡绿色的汇款单寄来，虽说仨瓜两枣的，管不了什么大事，终是可以让你贴补些家用，给孩子买只烧鸡的时候，手心不至于哆嗦得太甚。你既有了这个本事，何不教你亲妹妹两招，她反正也闲得无事，试着写写，万一高中了，岂不也宽裕些？

母亲这样一说，倒让我很不好意思起来，好像长久以来自己私藏了一件祖传的宝贝，只顾独享，怠慢了一奶同胞的妹妹。

我支吾着说，世界级的大文豪海明威先生说过，写作这种才能，是几百万人当中才能摊上一份的，不是谁想写都能写的。

老母撇撇嘴说，她与你同父同母，我就不信只有你能写，她就写不得！

话说到这个份上，我只有对妹妹说，你写一篇，拿来给我看看。

妹妹很为难地说，写什么呢？我又不像你，到过人迹罕至的西藏。我是生在北京，长在北京，最远的旅行就是到了北大的未名湖畔。这样简单的人生经历，写出的文章，只怕小孩子都不要看的。

我说，先不要想那么多吧。你就从你最熟悉最喜欢的事情写起，不要有任何顾虑和框框。写的时候也不要回头看，写作就像走夜路，一回头就会看到鬼影，失了写下去的勇气。你只管一门心思地写，一切等你写出来再说。

妹妹听完我的话，就回她自己的家去了，其后的很长一段时间无声无息。当我几乎把这件事忘记的时候，她很腼腆地交给我几张纸，说是小说稿写完了，请我指正。

我拿着那几张纸，翻来覆去地看了好几遍，好像是在研究这纸是什么材料制成的。我知道妹妹很紧张地注视着我，等待着我的裁决。我故意把这段时间拉得很长——不是要折磨她，是在反复推敲自己的结论是否公正。

我慢吞吞地说，你的文章我看完了。我在这里看到了许多不成熟和粗疏的地方，但是，我要坦率地说，你的文字里面蕴涵着一种才能……

妹妹吃惊地说，你不是骗我吧？不是故意在鼓励我吧？这是真的吗？我真的可以写一点东西吗？

我说，我有什么必要骗你呢？写作是一件很辛苦的事情，说真的，我真不愿你加入到这个行列里来，它比你做电脑工程师的成功概率要低得多。但是，如果你喜欢，可以一试，李白说过，天生我材必有用。如果你爱好用笔来传达你对人世间的感慨，就沿着这条路走下去好了。

妹妹的脸红起来，说，姐姐，我愿一试。

我说，那好吧，回去再写十篇来。

用了大约一年时间，妹妹的十篇文章才写好。我一次都没有催过她。我固执地认为，一个人如果真正热爱一个行当，不用人催，他也会努力的。若是不热爱，催也无用。

当我看到厚厚一沓用计算机打得眉清目秀的稿子时，知道妹妹下了大功夫。读稿的时候，我紧张地控制着表情肌，什么神态也不显露出来。看过之后，把稿子随手递还。

“怎么样呢？”她焦灼地问。

“还好，起码比我想象的要好得多。有几篇甚至可以说是很不错的了。”我淡淡地说。

妹妹很明显地松了一口气，说：“这下我就放心了。”把稿件又塞给我。

“想干什么？”我陡然变色。

“我写好了，属于我的事就干完了，剩下的活儿就是你的了。你在文学界有那么多的朋友，帮我转一下稿子，该是轻而易举的啊。”妹妹说。

我说：“是啊是啊，举手之劳。但是，我不能给你做这件事。”

在旁侧耳细听的老母搭了腔：“你平常不是经常给素不相识的文学青年转稿子吗，怎么到了自己的亲妹妹头上，反倒这样推三阻四？”

我把手压在妹妹的文稿之上，对她说：“转稿子是很容易的事情，只是我想让你经历一个文学青年应该走过的全部磨炼过程。正是因为你不仅仅是为了发一篇稿子，你是为了热爱，把写作当作终生喜爱的事业来看待的，所以我更不能帮你这个忙。为你转了稿，其实是害了你。经了我的手，你的稿子发了，你就弄不清到底是自己已到了能发表的水平，还是沾了姐姐的光？况且我能帮你发一篇，我不能帮你发所有的篇目。就算我有力量帮你发了所有的作品，那究竟是你的能力还是我的能力呢？一个有志气的人，应该一针一线、一砖一瓦都由自己独立完成。”

妹妹沉思良久后说：“姐姐，这么说，你是不愿帮我的忙了？”

我说：“妹妹，姐姐愿意帮你。只是如何帮法，要依我的主意。在这件事上，请你原谅，姐姐只肯出脑，不肯出手。我可以用嘴指出你的作品有何不足，但我不会伸出一个手指接触你的稿子。”

老母在一旁说：“是不是因你当初是单枪匹马走上文坛的，今天对自己的妹妹才这般冷面无情？”

我说：“妈妈，我至今感谢你和父亲在文化圈子里没有一个熟人，感谢我写第一篇作品时的举目无亲。它激我努力，逼我向前。我不能因自己干了这一行，就剥夺了妹妹从零开始的努力过程。这对于一个作家是太重要的锻炼，犹如一个婴儿是吃母乳还是喝苞谷糊糊长大，体质绝不相同。”

妹妹说：“姐姐于我，要做西西里岛上出土的维纳斯，不肯伸出双臂。”

我说：“错。维纳斯的胳膊是别人给她折断的，欲补不能。我是王佐，自断双臂。”

妹妹说：“我懂了。”

在其后又是将近一年的时光中，妹妹像没头苍蝇似的，为她的文稿寻找编辑部。我在一旁冷眼旁观，这中间我有无数次机会举荐她的稿子，但我时时同自己想要帮她一把的念头，做着不懈的斗争。我替毫不相干的青年转着稿子，殷勤地向编辑询问他们稿子的下落，竭尽全力地为他们的作品说好话……但我信守诺言，没有一个字涉及妹妹的作品。

妹妹在图书馆找到各种编辑部的地址，忐忑不安地寄出她的稿子，然后是夜不能寐的漫长焦灼的等待……终于，她的十篇文稿全部投中，在各种刊物上发表了。

“居然无一退稿！而且这都是我自己奋斗来的啊！”妹妹喜极而泣，自信心空前地加强了。

老母对我说：“想不到你这招居然很灵，只是为一服虎狼之药，药性凶猛了些。”

我说：“哪里是什么虎狼之药，不过是平常人的正常遭遇罢了。我们现在凡做一事，总是先想到认识什么人，以图依靠他人的力量。其实，这世上最值得信赖的人正是你自己。尤其是那种成功概率比较低的事，更要凭自己的双手去做，以积累经验。过程掺了水分，不如不做。”

老母笑吟吟地说：“现如今两个女儿的文字都可换回些柴米油盐酱醋茶钱，喜煞人也。”

我拉着妹妹的手说：“革命尚未成功，你我仍需努力啊。”

十年后，请到东京律师楼

秋叶原不是真名，是她在东京住的地名。

她是日方为我们访问团请的翻译，每天匆匆而来，匆匆而去。早上，她会说，我从秋叶原来。晚上，她告辞说，我回秋叶原去。我们就称她秋叶原。

秋叶原是个道地的中国女孩。我说的道地，并不是指她的长相和衣着，从外表看，她实在已经是个完整的日本女孩了。眉毛修得很细，脸涂得很白，唇画得鲜红而小巧，很像浮世绘中的江户时代美女。

她像真正厌倦了豪华的现代日本人一样，穿很素淡的灰色衣裙，裸着白杨树干一样挺拔的腿（顺便说一句，日本女子的腿多不够笔直，秋叶原就显出鹤立鸡群的美丽，在冬季也坚持穿裙子）。脖子上挂着一串很粗糙的银项链，潇洒而傲慢。

我们同秋叶原处得并不愉快。

第一天，她就对我们说，中国人要学会微笑，我看你们经常耷拉着个脸一副苦相，这在日本不行。不论日本人说什么，你得微笑着面对他们。我父母到东京来看我，我也是这样对他们说，气得我妈说，

就是娘死了，也得微笑吗？我说，是啊，你娘死了，同别人并没有什么关系，跟别人讲话，你当然应该微笑。

真是个奇怪的逻辑。

我反驳她：难道日本人说得不对，也要微笑吗？

她说，微笑并不表明你赞成他的观点，只是表明你的一种善意。你可以反驳他。微笑着反驳他，同样有力量。

想想也是。

但秋叶原只对日本人微笑，无论对方说什么，她都“哈依哈依”地不停点头，使我不可抑制地想起赛场上那个原来姓何现在叫了小山智丽的女子，赢了球后的“吆西吆西”。

秋叶原对自己的同胞经常冷面相对。

比如我们在新宿地铁站，规规矩矩地站着等她。秋叶原一路小跑拿着票走过来，我们像见了亲人一般迎上去，没想到她甩下脸说，谁让你们站在这里的？

我们吃了一惊，说，是你让我们站在这里的。

她捋着头上的汗水，声色俱厉地说，笑话！我能让你们站在地当央等我吗？我让你们在地铁站等我，这么拥挤的地方，等人必须要站在一旁，你们怎么连这都不懂！

我们面面相觑，只有一声不吭。但从此深深地记住了，在日本，停留时一定要让开通道。

秋叶原每天给我们的所有指示，都以命令的口吻发出。

日方邀我们到一处名为“桃太郎”的餐馆做客，那是一座精美的火锅城，有各式各样的品种以供选择。

日方小姐将菜单递给我们，礼貌地请我们点菜。菜谱当然都是日文的，我们看不懂，就转手塞给秋叶原，请她翻译。她面无表情地报出一系列陌生菜名，听得我们一头雾水。

日本的食物很讲究名称。比如有一味点心，叫作“豆寒天”，你说这名字好不好听？简直是诗情画意。还有一道菜，叫作“鹌风味”，你能想象出是什么原料做的吗？大概不会真用濒危动物烹制的吧？

大家多是第一次来日本，都想在尽可能短的时间里更多地了解日本，饮食文化自然是一个极重要的方面。再加上阔别祖国多日，西餐日餐灌了一胃，看到这种酷似中国涮羊肉的吃法，也很想借机重温一下家乡风情，于是众说纷纭，莫衷一是。南方人要吃辣，山西人要吃酸，“桃太郎”雅座的榻榻米上，一时好不热闹。

陪同前来的日本小姐非常安静地听我们争论，不置一声。当我们好不容易达成统一意见之后，那小姐仍是蜡人一般无动于衷。我突然发现，我们所有的争论都是对牛弹琴，因为秋叶原根本就没有把我们的话译给日方小姐。你为什么不翻译？我们惊讶地问她。

没必要。你们所说的话实在没必要翻译。秋叶原漠然地说。

这实在是说不过去的事。且不说我们是中国作家正在进行友好访问，你身为一个中国女孩，理应帮忙。就是单纯从一个受雇职员的角度来说，你既拿了工钱，就该尽责。

我们看着她，不知说什么好。毕竟我们不愿当着日本人的面同室操戈。

秋叶原也看着我们，等我们再不说什么了，她对日方小姐简短地说了一句。小姐响亮地应了一声“哈依”，飞快地向侍者报出菜名。一直耐心地守候在一旁的服务生，像得了特赦令，一个箭步跑下去操作。不一会儿，抱上一个极大的火锅，原来这是日本最负盛名的相扑火锅，类似我们的什锦火锅外加生猛海鲜，香气四溢，煞是精彩。我们一时大悦，立马忘了刚才的争论，用日本特制的超长筷子，在相扑火锅里翻江倒海搅个不停，大快朵颐。

正当我们吃得热火朝天之时，我突然发现秋叶原小姐不见了，急问日本小姐。但小姐永远以无声的微笑注视着我们，才感到语言不通真是痛苦的事情。好在过了一段时间，秋叶原又无声无息地回来了，只是脸色通红，好像赶了很远的路。

当我们尽兴地吃完，赶往事先安排好参观的博物馆时，才发现时间已经晚了。

在日本，迟到是一件很尴尬的事情。我们忙着向早已等候在那里的东京都的官员抱歉，没想到官员宽容地说，没关系，不要紧，知道你们非常爱吃我们的相扑火锅，我们很高兴。

日本人的消息怎么这样灵通?

我抽了一个空当，悄声问秋叶原这是怎么回事。她说，由于你们的争论不休，使我们整整耽误了十五分钟时间，而这在安排中是没有设定的。因为东京都的官员已经出动迎候我们，使用其他工具联系不上了，而且也不礼貌。我就利用你们吃饭的时间，先跑到这里向她解释了一下，别叫他们觉得咱们中国人没时间观念。

我感动了，但又讪讪地解释：点菜用的时间是长了一点，但主随客便，也是人之常情啊。

不想秋叶原纤巧的眉毛瞬即立起来：什么常情?纯粹瞎耽误工夫!光听菜名就能点菜吗?有的菜徒有虚名，并不是这个店的拿手好菜，你们怎么会晓得?这法子在中国都行不通，你们初来乍到这里，就更不知道深浅了。

我轻轻辩解了一句：我们这种人，有的时候比较相信自己的直觉。

秋叶原毫不客气地冷笑了：直觉？日本不是一个凭直觉就可以了解的国家。比如我问你，你觉得日本人是不是彬彬有礼，接待很周到？

我连说，是啊，他们事事都想得很细致。

秋叶原说，但你永远都不知道他们心里想的是什么，他们的脸并不代表他们的心。比如刚才那位陪同的日本小姐，她向你们征求吃什么，其实早在一个星期以前，她就把这顿饭的菜单决定下来了，征询不过是一个样子，你们却当了真。日本人办事很精细，方方面面都考虑得非常周到，哪怕看上去很小的一件事，都是各种利益均衡的结果，特别是经济上的核算。依我这几日看，日方对你们的接待规格十分高，比如今天你们七嘴八舌的瞎议论，其实并不知道哪个菜好，哪个菜不好。倒是日本小姐为你们点的菜，才是那个店最拿手最昂贵的。日本人就是这样，假若他真心为你着想，那他就会千方百计把事情做好，你就尽管放心。假若他有自己的小算盘，那你就是说破大天也是没有用的。所以你们就真正地客随主便好了……

正说着，到了一处小小的街口，其宽度也就相当于北京城的小胡同吧，却也设着红绿灯。这里不是繁华市区，寥落的马路上偶尔有车驶过，之后便是长久的冷清。日本的红绿灯转换得很慢，站在无人的街头，等待了仿佛一千年还不见绿光闪烁。

我们虽知道日本的交通规则很严格，但见路旁的日本行人也耐不住了，不理睬禁行标志毅然过路，也就跃跃欲试。刚一迈腿，就被秋叶原狠狠地拽住了。

为什么日本人能过，我们就不能过？大家颇不服。

日本人做得不对的事，中国人也跟着做吗？秋叶原冷冷地反问。

但是此刻马路上并没有车啊！我们争辩。

你们对这里的地形熟吗？知道这附近有多少岔路口？再说日本的车辆是左行，你们刚从中国来，适应这种规则吗？就算你平时记得，紧急状况下，还是会不由自主地向右躲，很容易酿出惨祸。日本的司机同中国不一样，中国人懂得一慢二看三通过，知道有人会在红灯时横贯马路，所以他们总是小心翼翼的。日本司机脑子里就没这根弦，他们的车又好，无级变速，跑起来一点声音也没有，撞到你跟前你都发现不了。而且日本有规定，凡是因不遵守交通规则出的人命，一律无赔偿。

在十字路口听一位窈窕的小姐颐指气使地谈论死亡，真是晦气。于是大家自我解嘲道，死就死了呗，好歹也做一回洋鬼子。

没想到秋叶原一点不懂得幽默，粉脸变色道，您死了不要紧，但这是在我工作期间发生的事故，是我的耻辱。

说着，她回过头，看着我们一字一句地说，而且我始终认为——我们中国人的命，比日本人更宝贵。

绿灯终于亮了，我们安全地走过去。

到国外旅行，购物是个大节目。各位面对着日本的花花世界，虽然囊中羞涩，却也是摩拳擦掌。不过真到掏钱包的时刻，手指又总有看不见的抖动。

一日进了超市，大家恨不能将秋叶原分成八瓣。男人要看电器，女人要寻服饰，都扯着她当向导做翻译。秋叶原钉子一般牢牢地站在地当央，说，别急，你们先都说说各自带有多少钱，我们再决定怎样买。

大家突然不吭声了。钱的事，多少是个隐私。于是有人说，我就想买个帽子，只要东西地道，价钱好说。

秋叶原习惯性的冷笑又尖锐地响起来了，说，你还以为日本是中国呢，一家商店里帽子也就几十上百顶。错！日本少说也有几千种帽子，你要是光看，一天也看不完。你有多少钱，你就买多少货，量体裁衣，看米下锅。中国人有多少钱，我还不知道？别充大头。至于质量，一分钱一分货，日本人精明着呢。你也别怕有什么假冒伪劣，日本没这么一说。

那位买帽子的先生不信这个邪，独自去逛了一圈，真就看得眼花缭乱，空手而归了。

秋叶原就这样一天天事无巨细地指导着我们，假如我们就某事提出异议，她就不屑地说，你们来日本才多长时间？不到十天吧？我已经来了很多年了，还不敢说了解日本，各位也许是天才。

我们就再也说不出反驳的话。

秋叶原虽然十分年轻，嘴角额头已经有了极细密的皱纹，这是敷多少粉也遮掩不住的真实。每日被她率真地指教着，我想她一定也是喜欢以其人之道，还治其人之身的。一天，我冷不防地问她，你在无人的时候，一定眉头紧锁，满面倦容。

秋叶原一惊，说，你怎么知道的？

我说，你的脸告诉我。能同我讲讲你自己吗？

秋叶原停了片刻，说，我就不讲最初了，无非是打工吃苦。除了非常有背景的人，我们都是从寿司店洗碟子开始。自费留学生的开头都是一样的，不一样的是结尾。在日本挣钱很容易，许多人就拼命地挣钱，挣钱是有瘾的，他们已经忘记初衷。我也挣钱，但只要挣够了学费就罢手。我成绩优异，这些年从日本人手里总共拿到了五百万日元的奖学金，这不是一个小数目。

我严肃地点点头，这些钱相当于五万美金。

我给你说说我正在写的博士论文吧。秋叶原脸上漾出纯真的笑意。

我迟疑着说，那一定很专业吧，我不一定听得懂。

她说，我谈的是伪满洲国的教育问题，每一个中国人都懂。

我说，你的论文一定很精彩。

她的眼睑垂下来说，我的日本导师不同意我选这个题目，因为日本朝野对伪满洲国是侵略的产物这一点，没有深刻地反省谢罪。有人甚至认为它的奴化教育对提高中国人的素质有功劳。导师说如果我坚持日本有罪，虽然他赞同我的观点，但很难得到日本学术界的承认。

我义愤地说，那你的论文就拿到中国发表。

秋叶原沉思道，只怕我的观点中国也不会完全赞成。因为我具体地分析了伪满洲国的教育，发现它在客观上还是为民众普及了某些科学知识。而这个看法，中国方面也不接受。所以我的这个选题，立论为中日双方所不容，资料又很缺乏，写得颇艰辛。

她长叹了一口气。这是秋叶原同我们相处中唯一的一次叹息。

我换了一个话题，说通过这些天的相处，我发现你是个刀子嘴豆腐心的人。你说的许多话对我们都很有帮助，只是你为什么不能用和蔼一点的口气说出？那样效果可能会更好。

秋叶原又恢复了冷着脸讲话的常态说，我除了给你们当翻译，还给其他很多团当过翻译，从部长到平民。我知道中国人是怎么回事。

你没法同他们好声好气地说话，他们根本就不听你的，觉得你一个小翻译，就该听他们使唤。你只能恶声命令他们。但我是为了他们好，为了不叫日本人笑话我们。

秋叶原轮番使用着“你们、他们、我们”这样的称呼，指的都是中国人。

我问，学成之后，你还会回中国吗？

秋叶原莞尔一笑说，你看我这个样子，还能回中国吗？我同中国人的思维，已经有了太多的分歧。

我说，你的意思是做一个日本人了？

秋叶原嘻嘻地笑起来说，你看我这个样子，像一个日本人吗？我永远也不会加入日本国籍。他们的脸背后还有一张脸。

我也不由得笑起来说，莫非你这个中国女孩，在日本学习了几年之后，反倒成了美国人？

她严肃起来说，做哪国人并不是最重要的，重要的是我们要有知识和真理。你说是吧？

我说问你最后一个问题，你可以回答也可以不回答。这一小半是出于我的职业习惯，一多半是一个年龄较长的女人对一个女孩的关切。你有男朋友吗？

她很爽快地答道，有啊，他是一个日本人。我们有可能结婚也可能不结婚。就是结了婚也很可能离婚，因为我们个性都太强，三分之二是天使，三分之一是魔鬼。

我张了张嘴，刚想说话，秋叶原说，你不必说让我找一个温柔的爱我的男子，那样的男人吸引不了我。我宁可结了婚再离婚，没有什么了不起的。婚姻对我有魅力却没有相应的杀伤力。婚姻可以离我而去，但事业会紧紧追随着我，永不背叛。

面对这样的女孩，你真的无话可说。

两天后，秋叶原在为我们导游的时候脸色煞白，几近昏厥。我忙搀扶着她休息，问她是不是病了？她虚弱地一笑说，不要紧。不是病，只是困。

你昨天睡了多少觉？

我昨夜一分钟也没睡，一直在为一家电脑公司赶业务。我在那里打工。

你白天当翻译已经够累的了，晚上为什么还不休息？你不是说不为挣钱上瘾吗？我忍不住责怪她。

秋叶原说，我为中国人当导游当翻译都是不要钱的。晚上要是不做工，就没法维持学业了。

那一瞬，我的心为之颤动。

告别的时候终于到了。我说，秋叶原，你将和日本明朗的秋空一道留存在我的记忆中。

她依旧穿着短短的裙子，只是脚上已换了一双小皮靴，显出一种坚实的灵巧。她说，十年以后你再来日本的时候，我可能已经是位名律师了。

我吃了一惊说，你要改行吗？

她说，是啊。都说日本的律师是最难考的，能考取律师资格的，大约只有百分之三四吧。你要知道这不是一般的百分之三四，应考的是全日本最优秀的大学毕业生。我预备用五年时间一试。有人说日本社会是铁板一块，外国人很难打进上流社会，我不信。十年以后，你再到日本来的时候，我们会在我的律师楼里见面。

我看着秋叶原小姐十分年轻已经显出某种沧桑的脸庞，微微地点了一下头。这并不是完全相信她的话，只是欣赏她说这番话时的勇气。

十年以后，不知我还有没有机会去日本。

第五辑

即使在
暗夜跌倒

新鲜的痛苦固然令人阵痛恐惧，

但还不是最糟。

我们可以在悲愤之后，

化痛苦为激励。

最可怕的是痛苦的腐烂和蔓延，

那将不可收拾。

刺玫瑰依然开放

那一天，我和这位80年代出生的女孩坐在一间有落地窗的屋子里，窗外不远处有一个花坛，花坛开放着粉红色的刺玫瑰，我们喝着不放糖和牛奶的咖啡，任凭窗帘扑打着发丝和脸颊。

女孩戴着口罩，把眼睛露出口罩的边缘，说，所有的科学知识我都知道了，可我还是害怕。我可以对你说我不害怕，可那是假的，理智不可能解决情感问题。你说我怎么能不害怕？

她指的是“非典”。2003年上半年，中国使用频率最高的一个词大概就是“非典”。医学家统计，在罹患“非典”的人群里，青壮年占了百分之七十以上，特别是二十至三十岁的青年人在总发病率中占了三成比例。从这个意义上说，“非典”具有生机勃勃的杀伤性。

面对“非典”，广大人群表现出恐慌，这在疾病流行早期是可以理解的。什么年龄段的恐慌是最严重的呢？从我接触的人群来看，是年轻人。年幼的孩子，尚不知恐惧和死亡为何物，他们看到大人惊慌，自己也跟着惊慌，但惊慌一阵子也就忘记了。在他们的字典中，恐慌基本上只和考试相连，其余的都不在话下。中老年人，除了家里有很多牵挂放不下之外，一般还比较从容，也许是因为他们年纪较大，已经或多或少地考虑过死亡了。年轻人的大恐慌，主要来自在有限的生命体验中，找不到被一种小小的病毒杀得人仰马翻的经验。人们对自己未知的事物总是充满了震惊和慌张，这是人的正常心理反应，一如我们面对着不可知的黑暗，你不知道在暗中潜伏的是老虎还是蜥蜴。如果我们有了一盏灯，我们的心里就踏实了一点。如果我们在有了灯之后又有了一根结实的棍子，信心就增长了一些。假如天慢慢地亮起来，太阳出来了，安全感就更雄厚了。科学家对于“非典”病毒的寻找和描述，就是我们在晦暗中的灯光。现在已经初步看清了这个匍匐在阴影中的魔鬼，知道它的爪子从何处伸来，利齿从何处噬咬。我们也有了一根粗壮的棍子，那就是严格的消毒和隔离措施。大多数人的恐慌渐渐地散去，一如冬季北方旷野上的薄雾。

我问女孩，“非典”在北京爆发之后，你在哪里？

她说，我在公司做职员，刚开始隔天上班，现在干脆不用去了。我的同事们很多都离开了北京，忍受不了这种恐惧的压榨。听说在北京不容易走，有人就骑着自行车跑到北京周边的地区，然后把自行车一扔，坐上汽车火车，跑回老家去了。可惜我的爷爷奶奶、姥姥姥爷都在北京，无地可去，只能和这座城市共存亡。我非常害怕……

我握了握她的手，果然，她的手指被冷汗黏在一起，像冰雹打过的鸟翅簌簌抖动。我说，我没有办法使你不怕，但有一个人能帮助你。

她迫不及待地问，谁？

我说，你自己。

她说，我怎么能帮我自己呢？

我说，你拿来一张纸，把自己最害怕的事写下来。

她站起身，拿来一张雪白的大纸，几乎覆盖了半张桌面。然后，一笔一画地写下：

第一个害怕：我还没有升到办公室的主管，就停止了前程。

第二个害怕：我按揭买下的房子，还没有付完全款。

第三个害怕：我刚刚交男朋友，还没有深入发展感情。

第四个害怕：我准备送给我妈妈一件茉莉紫的羊绒衫，还没来得及买。

第五个害怕：我上次和我爸爸吵了一大架，还没跟他和好。要是我死了，多遗憾。

第六个害怕：我热爱旅游，很想走遍世界。现在连新马泰和韩国还没去成呢，就要参观地狱了。

第七个害怕：我想减肥，还没有达到预定的斤数。

第八个害怕……

当她写到“第八个害怕”的时候，停了下来。我说为什么停笔了？她歪着头从上到下看了半天，说，差不多了，也就是这些了。

我说不多嘛，看你拿来那么大的一张纸，我以为你会写下一百条害怕。请检视一下你的种种害怕，看看有哪些可以化解或减弱。

她仔细地端详着自己刚刚写下的害怕。说道，第七个害怕最不重要了，如果得了病，高烧几天，估计体重就减下来了。

我说，很好啊，凡事就怕具体化。现在，你已经没有那么多的害怕了，只剩下六条，再来具体分析。

姑娘看看手上的纸，说，有两条是可以立刻做的，做完了，我就不再害怕。

我说，哪两件事？

她说，今天我下班之后，就到商场给我妈妈买一件茉莉紫的羊绒衫，如果这个颜色商场一时无货，我就买一件牵牛花紫的羊绒衫，要是也没有，买成大枣红的也行。第二件事是和爸爸推心置腹地谈谈。我爸是个特好面子的人，所以我先同他讲话，他一定会爱答不理的。要是以前，我才不热脸贴他的冷屁股呢！但经过了“非典”，我会比较能忍耐了。我会对他说，“非典”让我长大了，我是你的朋友，让我们像真正的朋友那样讲话，好吗？

我说，真喜欢你说“非典，让你长大了”这句话。成长不但发生在幸福的时候，更多的是发生在苦难之中。

她受了鼓励，原本被恐惧刷得灰白的面庞，有了一丝属于年轻人的绯红。她继续看着恐怖清单，低声说，至于刚刚交下的男朋友，好像也不是什么值得害怕的事情，这需要细水长流慢慢了解。就算是没有“非典”，也不一定就能达到海誓山盟、男婚女嫁……

说到这里，她大概突然看到了恐怖清单上的第二条，笑起来说，至于还不上贷款这件事，我要把它开除出去。这不是我该害怕的事，最害怕的该属房地产开发商。这是不可抗力，是地产老板们最爱用于推诿的理由，想不到也可以以子之矛攻子之盾，让他们头疼一回。

开发商的困境引发了女孩的幽默感，她显出些许幸灾乐祸的快乐，旋即细细的眉头又皱了起来，说，恐怖清单上不能去世界旅游这一条，无论如何是去不掉了。

我说，你要到各地去旅游，为了什么？

为了让我快乐，看我没有看过的风景，听我没听过的鸟鸣。她很快回答道。

我说，这是旅游最好的理由。只是我想问你，你可曾注意到窗外不远处的花坛里刺玫瑰在悄然开放?

她一脸茫然地说，刺玫瑰真的开花了吗?

我用手指敲敲窗子说，你往前面看。

她把脸压在玻璃上，贪婪地看着窗外，每一朵刺玫瑰都如同换牙的小童，憨态可掬。她惊讶地说，真的，在“非典”肆虐的春天，刺玫瑰居然还在开放。真怪啊，我以前怎么从来没有注意到呢?

她的目光从睫毛的缝隙中向更远处眺望，说，哦，我不但看到刺玫瑰了，我还看到国色天香的牡丹和路边卑微的蒲公英，也一样蓬勃地开放着……

她是很聪明的女孩，很快就悟出了，说，我明白了，美丽的风景不一定要到远处寻找，也许就在我们的身边。

我说，起码我们先把眼前的风光欣赏完了，再看远处无妨。

这位80年代出生的女生看看自己的恐怖清单，然后说，好吧，就算没法周游世界，我也不再害怕了。但是，我要是升不到主管就死了，这还是可怕的事。

我说，你升到主管之后会怎样?

女孩说，我还要升到部门经理，然后是总经理……

然后呢?我问。

然后就是旅游了……旅游是为了开心，是为了快乐。对啊，我最终的目的是让自己快乐。那么我如果因为害怕，抢先丧失了快乐，我就太傻了，就是本末倒置，就是一个大笨蛋……她自言自语，眼珠飞快地转动着。

那一天的结尾，是这个姑娘把那张像大字报一样的恐怖清单撕掉了。80年代出生的年轻人，在此次“非典”流行的过程中，交出了形形色色的答卷。比如我在电视里，就看到二十岁刚出头的女护士，英勇如同身经百战的士兵，穿戴着把人憋得眼冒金星的三重隔离服，给年纪足够当她伯父的病人做治疗和宽慰疏导。

这就是泥沙俱下的生活，这就是新的一代人。报章上有人管他们叫“跑了的一代”。我觉得在他们如此年轻的时候就遭遇到一场突如其来的严重的灾难，是不幸也是大幸。恐惧可以接纳，却不能长时间地沉溺，逃跑更是懦夫退缩的行径。当你有能力直面灾难时，细细将它们剖析，在灾难中看到鲜花依旧在不远处开放，那就有了不再惧怕、不会逃跑的气概。

养心的妙药

我知道有这样一个姑娘，在“非典”中被派到了一线。她原本是个护士，负责打针送药，习惯了洁净和有条不紊的工作。但这一次，她的使命是当护工。也就是说，她要暂时告别医疗事务，承担起照料病人吃喝拉撒的杂活，当然还要负责打扫病房卫生。当人们以为她会哭的时候，她笑着走进了 SARS 病房。

在那里，除了所有我们能想象到的繁忙、劳累、辛苦和危险之外，还有一宗连我这个当过二十年医生的人都没有料到的活计，那就是——“搅”。

“搅”是什么意思呢？就是手执长柄刷具，把消毒液和病人的排泄物均匀地混合在一起——搅拌。这家医院已经很多年没有人规模地接收传染病人了，如今病人如潮水般地涌来，只得将一栋孤立的楼房临时改建成 SARS 专科，病室内没有卫生间，应急措施就是找来一些红色塑料桶，内衬黑色垃圾袋，病人大便小便均在此解决。每隔几小时，就由护工将袋子拎到公共卫生间统一处理。

统一处理最重要的步骤就是消毒。你可以想见，如果未经严格消毒的 SARS 病人的排泄物直接进入城市的下水系统，将会造成怎样恐怖的污染。香港淘大花园的惨痛教训就是例子，由于粪便作祟，造成了大面积的传染病流行。根据科学家研究，SARS 病毒在人的尿液中可以存活十天以上。

说到这里，你就可以明白我们这位名叫“绒儿”的原护士现护工干的是什么活儿了——那就是把大约一百名 SARS 病人的大便小便和呕吐物，从病房逐一收拾出来，然后把一百个黑色塑料袋子一一打开，把配好的消毒液倒进袋子里，接着均匀地搅拌它们，如同一台优质高效的搅拌机，直到排泄物和消毒液天衣无缝地融在一起。

我问过绒儿，你闻得见臭吗？

她说，戴着那么厚的口罩，我想是闻不到的。但是，我能看到臭味。

我很惊奇，味道怎么能看到？

绒儿说，SARS 病人高烧有火，吃的又很少，大便密结，干燥成团块，要细心地把所有的硬块都搅碎，搅得像小米一样匀，才能被消毒液彻底浸泡，以绝后患。搅的时候，你能看到粪便破碎时所有丝丝缕缕的过程，黄褐色的絮状物腾起，像一枚枚小型原子弹爆炸的蘑菇云……

绒儿这样说的时候，很平静，可我的胃已经开始翻江倒海，然后又收缩成了一块石头。后来当我把这故事讲给一位记者听的时候，他说，毕淑敏你饶了我吧，你还让我以后吃不吃蘑菇了？细节太折磨人了，激起我生理和心理上的反感，咱们还是不谈这个话题吧。

然而绒儿不能逃避。她不断地搅着拌着，对待每一个黑色的袋子，都像对待一件工艺品，小心翼翼尽职尽责。

我问，有人检查你的工作吗？比如说你搅拌得是否到位？颗粒是不是大小一致？有人会把混合均匀的粪便拿去检查，看有没有活的SARS病毒？

绒儿摇摇头说，从没有人检查我。

我说，其实你可以把它们胡乱混合在一起，不必管匀不匀的事，谁也不会知道。

绒儿说，可是我从来就没想过这是可以敷衍和偷奸耍滑的事啊！

绒儿日复一日地在SARS病房里忙碌着，直到有一天护士长看到绒儿弯着腰蹲在走廊里。护士长问绒儿，你怎么啦？绒儿说，我有点儿累，蹲下歇一会儿。护士长很心疼绒儿，叫她休息。绒儿说，我马上就缓过来了，您不必挂心。

绒儿休息了一会儿，可却没有缓过来，她开始发高烧，然后是咳嗽和憋气，最后被确诊为SARS。绒儿住进了病房，病势很快转重。绒儿开始吸氧，最后用上了呼吸机。

绒儿同我讲到这一切的时候，很平静。我百思不得其解的是绒儿如何在患病的一个多月的时间里，成功地瞒过了自己的父母，把那无时无刻不在思念自己独生女的老两口瞒得风雨不透。

这很简单啊，因为我到了一线，就不让回家了，所以即使在患病以前，我也已经一个多月没见到他们了。得病后，我什么也不说。反正是每天一个电话，我按时聊几句，他们就不会怀疑。在病得最重的那些日子里，憋得喘不过气来，我就在预定打电话的时间之前，拼命地吸氧拼命地咳嗽，把痰尽量吐净，储存一点儿氧气，待气喘得比较均匀了，就马上摘下呼吸机给老爸老妈挂电话，基本保证在两分钟时间内语气流畅，让他们听不出实情。但是，不能多说话，词儿说多了，气就不够了。所以一分钟之后，我赶紧说，爸妈……今天……就到这里吧……我忙着呢……拜拜……

我后来问过绒儿的母亲，说您在那么长的时间内，就一点儿也不怀疑？就一点儿没听出破绽来？

绒儿的妈妈是个下岗女工，说，不怕你笑话我粗心，还真就没听出来。主要是根本想不到她会骗人，也奇怪这孩子为什么电话越来越短，以前叽叽喳喳说个没完，后来却变得跟发电报似的。除了她打给我们电话，给她打电话，从来不接……

绒儿说，我哪能接啊，当时正戴着呼吸机呢！

绒儿出院后，要做的第一件事，是上街买衣服。因为得了SARS，治疗主要靠激素，身材苗条的绒儿一下子胖了二十斤，以前窈窕时的美丽衣服都穿不成了，只得给自己买了一条没腰身的筒裙。绒儿出院后做的第二件事，是趴在桌上写东西。妈妈走过来，绒儿就用胳膊把自己写的东西掩起来。

妈妈告诉我，绒儿回家的那天晚上，她几乎一夜没睡，隔几分钟就要走到绒儿的房间听听女儿的呼吸声。她要一再地确认女儿还活着，女儿已经真的回来了。最后一次走进女儿的房间，在黎明的曙光里，她看到了绒儿写的东西。那是一张请战书，绒儿说，她的病已经好了，血液里有了抗体，她再也不会感染了，更应该回到第一线去。

听到这些，我真的非常感动。我知道绒儿不是党员，也不是团员，只是一名极普通的护士。绒儿说自己从小学习不好，高中没考上。绒儿说她从来没有当过班干部，连个学习小组长都没捞上过，纯粹的“白丁”一个……可是，绒儿却在危难和困苦这两把铁锤的猛烈击打之下，焕发出可歌可泣的光彩。

这是为什么？是什么滋养了她？引导了她？我想不出来。我把这

个问号抛给绒儿，让她给我一个回答。是什么力量让她能从容地走过灾难，用自己稚弱的臂膀帮助他人和死神一搏？

绒儿粲然一笑说，这太简单了，因为我喜欢这个工作啊！做护士是我心甘情愿的选择，中考的时候，九个志愿，我全都填报的是护士专业。当我终于如愿以偿穿上洁白的护士服，戴上护士的燕帽，捧着和当年南丁格尔用过的烛火一样的红蜡时，我心中无比的幸福。我看过一个资料，说全世界的人当中，能最终从事自己所喜爱的工作的人，不超过百分之三。我知道自己是这百分之三的幸运者当中的一员，我非常骄傲。我的职业是花园，从中长出了数不清的快乐和干劲。

我看着绒儿，谢谢她给我的这一番精彩回答。一个人在她或他年轻的时候，就如此坚定地选择了自己所热爱的职业，对这个职业倾注了无数的欣喜和勇气，那么，做出令人瞠目结舌的创举也就顺理成章了。

我以前只知道职业可以糊口，可以骄人，这个二十岁的绒儿，让我知道了职业也可以使人崇高，使人焕发灼目的光芒。

选一个你喜欢的职业吧，那是一片花园，不单是创造的所在，也是养心怡情的妙药。

为了能够紧紧地握住一双手

女孩，你真的不怕死人吗？

我在北京隆冬碧蓝色的天穹下，这样问一个美丽的小姑娘，站在临终关怀医院晒满了白色被单的院落里。

她穿着一件时髦的红色太空棉短大衣，裹在黑色健美裤里的双腿挺拔有力，脚蹬一双柿黄色皮短靴——整个身躯灵巧得像一只香獐。

“我不怕。不怕这些就要死去的人。人要死的时候，都非常善良。和他们在一起，我觉得很温暖。”女孩说。

北京的这所临终关怀医院，坐落在亚运村附近。在高楼大厦之间，有一套小小的院落。几十张病床，经年累月住得满满的。风烛残年的老人，把这里当作最后的驿站。他们得到周到的治疗和细心的照料，直到走进永恒的宇宙。院长告诉我，这里入院病人的平均住院时间是 13.7 天。

“您明白这个数字的意思吗？”院长问我。

“我明白。”我说，“它的意思就是几乎所有走进这所医院的病人，在不到两周的时间内，都永远地离开了我们。”

“是的。”院长说，“他们在告别这个世界的最后的日子里，都格

外地渴望温情。”

有一个小姑娘，在一个偶然的机会里，知道了有这样一所医院。她告诉了她的伙伴们。志愿者这个名词是与世界同步的象征，半是好奇，半是女孩天生的爱心，她和她的伙伴们就到这里来了，在一个星期五的下午，像一群小香獐跑进这白色的森林。

刚进院门，她们就后悔了，甚至不敢迈进充满药气的病房。她们像黎明时分凝结的露珠，幼小和清凌。她们无法理解什么是死亡。

“在护士的陪伴下，我战战兢兢地走进病房。”穿柿黄靴子的小姑娘说。

“一个老人一把抓住我的手，连连叫：‘杜鹃……杜鹃！’

“我刚要说我不是什么杜鹃，护士使了个眼色，我就闭紧了嘴。老人望着我，眼神里有一种深沉的眷恋，嘴边荡出微笑。我和他对视着，恐惧渐渐散去，心里充满了从天而降的感动。

“那一天，别的同学忙着擦玻璃、给病人喂饭，我几乎什么也没有做，只是被那个濒危的老人握着手。他的手很瘦，可是很软，好像用旧的毛巾。

“护士后来告诉我，老人的女儿远在美国，名叫杜鹃。电报发了一封又一封，女儿就是不回来。他的神志已经模糊了，把我当成了杜鹃。

“因为学校里的功课很紧，我们只能一周来一次临终关怀医院。我真的觉得我成了杜鹃，急切地盼望着下次志愿者活动的日子。时间终于到了，我第一个跑进病房，再也不觉得害怕了。推开房门，在老人躺过的病床上，他已经像烟一样地消失了，现在是一位老奶奶了……

“我明白了什么是死亡，它就是一个人永远地不在了。我们每一个人都会老的，我们每一个人都会死的。我希望在我死的时候，身边能有一个女孩，我能紧紧地握着她的手……真的，就是为了这个，因为我们都会有那一天。为了那一天到来的时候，我不会太孤单，我现在就要付出。所以我要做一个志愿者，所以我不怕死亡……”

听一个如此晶莹如此年轻的女孩，在晴朗的天气里谈论死亡，有一种苍凉凄婉的美丽，盘旋于我们的头顶。

“您的问题问完了吗？”穿柿黄靴子的女孩很有礼貌地问我。

“哦……完了。”我说。我还有许多问题想问她，但看出她心不在焉。

“那我就走了，我还要到病房里去给他们唱歌呢。”她转过身。

“哦，问最后一个问题：你给他们唱的是什么歌呢？”我说。

“唱《柳堡的故事》，就是‘十八岁的哥哥呀坐在河边……’那首。”她轻声吟起来。

“你还会唱这么老的歌哪！”我有些吃惊，“这是三十多年前的流行歌曲了。”

“原来不会唱的。后来一位老人对我说，他年轻时最喜欢这首歌。我就让我妈妈教会了我。我想，一个人年老的时候，唱起以前的歌，就会回忆起年轻的时候。等我老了，也许要让那时的志愿者，唱一支《潇洒走一回》了，不知道她们会不会给我唱？”女孩子略微有些忧郁地说。

“会的，她们一定会的。”我十分肯定地说。

清脆的歌声，像鸽哨一样，在白色的院落上空翱翔。

九九那个艳阳天来哟，十八岁的哥哥呀坐在河边……

世界上最缓慢的微笑

受邀到一家医院去看望四川大地震被救出的孩子，他们都已被截肢，生理和心理上都需要援助。

我说，要去看孩子们，该带些什么礼物呢？

邀请方说，他们什么都不缺，快被各式各样的慰问物品埋起来了。您只要带上问候和心理帮助就成了。

这后两样东西当然是要带的，可是，我还是坚持认为一定要带上礼物。马上就要过“六一”了，这是孩子们盼了很久的节日，我没法空着手，去见孩子们。

只是，什么礼物好呢？

思谋着。原本想带上鲜花，一转念，现在天这么热，鲜花是很容易枯萎的。身心受伤的孩子们，眼睁睁地看着五彩缤纷的花瓣凋零，心里不好受，也许会引起连绵的凄楚。人并不因为年幼，就不知伤感，我一定要小心。再说，来自山南海北纷繁盛开的花束，花粉混杂，容易引起过敏，于孩子们的康复不利。

鲜花被否。

食物和营养品呢？想起那句“物品埋人”的话，估计其中的主角必是形形色色的补品，我就不要床上架屋了。

先生见我发愁，出主意说，要不，你送上几本自己的书吧，签了名留给他们做纪念。

我说，你以为你是谁啊？我已经打过电话询问，其中有个孩子才五岁，还没上学，这不是强人所难嘛！大些的孩子虽然上中学了，可手臂被截，一时半会儿的，哪里学得会只用一手翻书？仅剩的一只手上还有伤，这不是引得人家劳累嘛！馊主意。

先生说，这也送不得，那也送不得，你到底怎么办？

我说，若是咱们现在变小，不断地小下去，直到变成一个小小孩童，你最希望干什么呢？

先生说，当然是可着劲儿玩了。只可惜，他们没法玩了。

我反驳，谁说躺在床上就不能玩？现在，我想出主意来了，咱们买玩具！

于是，我和先生跑遍了北京的商场。我们的孩子早已成人，这些年来，我们再没有瞄过一眼玩具市场。如今像两个老顽童，在玩具柜台拥来挤去，指手画脚地让人家拿了这个拿那个，挑拣不停。

太大的玩具，病房里耍起来，医生会埋怨的；太复杂的玩具，失去了手脚的孩子恐怕摆弄不了，会心生沮丧；太需用力量的玩具，他们羸弱的身体难以承受；太没个性的玩具，又怕孩子们了无兴趣……唉，难啊。

我们快马加鞭地把自己修炼成了玩具专家。功夫不负苦心人啊，沙里淘金，终于找到了一款又安全又有趣又具个性化又有丰富变化的玩具。

它们是绒布做成的动物。摸上去，有一种绵软的绒毛感，亲近安

稳。想这些孩子，曾在如山的砖瓦水泥砸压下苦等待援，一定怕极了冰冷坚硬。这种反其道而行之的茸茸质感，该是他们喜欢的。记得我以前看过一则动物实验，说是人们给失去母亲的小猴子两个代用妈妈，一个是塑料做的，一个是棉花做的，其余的部分都一样，都有奶瓶可以喂养小猴子。结果是小猴子们天天围在棉花妈妈周围，不理睬硬邦邦的塑料养母。

玩偶的背后有一道拉锁，打开之后有一电池箱和电路板。好在这些机关通常是看不到的，都藏在玩偶们憨态可掬的肚子里。这组“设备”的功劳就是让毛绒玩具有了会说话的本领。

你只要轻轻按一下玩偶们的左手，就可以开始录音了，时间大约一分钟，说得快些可录下三四句话。然后就是嘀嘀的警报声，录音终止。录好音后，你捏捏玩偶的右手，机关被触发，玩偶就把刚才录下的声音复播出来，好像一只忠实的鹦鹉。

简言之，这是一个微型的录音装置，可以录下短暂留言，在必要的时候重复播放出来。

这玩具让我们老两口如获至宝。我忙不迭地说，要这一个，再要那一个，对了，还要那边的一个……

售货员是个爱说话的姑娘，她说，您这是给孙子买啊?

我和先生相视一笑，说，是啊，快过“六一”了。

售货员说，您好福气啊，孙子好多啊。

我说，是啊是啊。买少了，分不过来，会打架喽。

回到家来，我对先生说，一会儿我在房间里自说自话，你不要大惊小怪。

我关上房门，对着一个个玩偶，配置录音。直到这时，我才发现

自己有个致命疏忽——我不知道这几位地震截肢孩童的名字。想打电话去问，一看表，时间已经很晚了，负责联系的同志很可能已经休息了。

于是我决定先录下一般的问候，例如：“北川中学的小朋友，你好！北京欢迎你。祝你‘六一’儿童节快乐开心！”

如果明天我没有时间问孩子们的具体名姓再重新录制，就只有这样播出。我要做好两手准备。

我抱着玩偶们，不断地录，不断地听。刚开始没经验，话说得太多了，满腔关切还没倾诉完，嘀嘀声就毫不留情地掐断了我的问候语，只有重来。不料下一次矫枉过正，又说得太短了，时间上留有空白，显得热情不够。一番周折之后，时间上大致没毛病了，我又悲哀地发觉自己的声音太老迈了，完全不具备少年们喜爱的欢愉和活泼。

我决定改换风格，尽量把发音卡通化，走欢蹦乱跳的青春路线。不多时先生破门而入，惊愕地问：毕淑敏，你没什么不舒服吧？

我被吓了一跳，恼火道，不是跟你打过招呼了吗？听到某种异常动静不要大惊小怪。

先生说，可这也太令人惊奇了。我认识你几十年了，从来没听过你用这种语调说过话。

我不理他，专心干自己的活儿。半夜三更之时，总算把配音这事完工了。

5 月 28 日，我早早赶到了医院，真不错，大家还没来，我还能有一点时间完成预定计划。我把孩子们的名字写在手上，以防自己一紧张说错了。躲到医院的会议室里，把玩偶从精心买的礼品袋里取出来，再次一一为它们录音。

对着黑白相间的大熊猫玩偶，我说："××× 小朋友！你好！我也是从四川来的，从此咱们是好朋友！'六一'节快乐！"

"×××"，是这个截肢小朋友的名字。

我觉得呼唤一个人的名字，有一种特别重要的意义。那是在执拗地提醒一个存在，强烈地标明一种独立，象征一种至高无上的尊严，表达一份如火如荼的期望。即使是对于一个非常幼小的孩子来说，名字也意味着这个世界上独属于他的精神意识。在咱们古老的传统里，受了惊的孩子，要被父母反复呼唤名字来找回魂灵。

这一刻，我最遗憾自己嘴太笨，不会说四川话。若是小朋友听到乡音，一定倍感亲近。

当我走进病房，第一眼看到这些孩子们的时候，尽管我当过八年军医，是总计二十年医龄的大夫，尽管我对即将到来的残酷做了最大可能的思想准备，尽管我不停地对自己说，毕淑敏，你不可以哭，为了孩子们的福祉，你必须要保持镇定安之若素。他们需要从我们成年人身上看到力量，看到希望，所有的惊慌失措都不可饶恕……可我还是错愕得肝肠寸断！我只有拼命调动起全部的精神，维持最基本的平静。

有一瞬间，我觉得躺在病床上的不是真实的孩子，而是一些白绸折叠起的布娃娃。因为只有在摔碎的布娃娃身上，我们才曾看到这样的断壁残垣。

可他们静静地凝视着我们，那轻轻的呼吸，证明着生命的顽强存在。

这是被苦难之咽凶残嚼碎的天使，又被仁爱之手拼缀起来残缺了羽毛。

那黑若点漆的眸子，曾见识过最暗无天日的深渊。

那宣纸般柔弱的身躯，曾背负过天崩地裂的塌陷。

那已永远离去的肢体，曾忍受过锥心刺骨的碾磨。

那跳动着的小小心脏，还要黏合多少次才能修复完好如初？

……

当我把录音玩偶拿给他们的时候，他们的眼睛闪过光芒。我托起他们的小手，让他们揿动机关，那手指细弱得像一截断筷。当他们听到从玩偶肚子里发出响亮声音时，他们的嘴唇微微地上翘了。当玩偶说出他们的名字时，孩子们无比惊奇地睁大了眼睛。当玩偶说出祝福的话语时，孩子们终于悄无声息地微笑了。

近在咫尺。这是我一生所看到的最为缓慢的笑容，无比脆弱，像一个个企鹅的蛋在冰天雪地经过长久的孵化，终于探出小小的额头。然而这微笑又如此强韧，一经绽放，它就动人心魄地灿烂起来，携带着抵挡不住的芬芳。

我匆匆走出了病房，因为我再也控制不了滚滚而下的泪水。不是因为他们的悲惨，而是因为他们的坚强。

负责对孩子们进行心理治疗的协和医科大学杨霞研究员说，孩子们正在不断地康复中。她讲道，其中一个小姑娘说，马上就要到“六一”儿童节了，我们少年儿童要……

话说到这里，小姑娘突然改口了，说，我们残疾少年儿童要……

这是多么感人至深的改口啊！

从 5 月 12 日 14 时 28 分他们被埋入废墟，黑暗中的煎熬，肉体的断裂，目睹同学在眼前死去，饥寒交迫，截肢，感染，创伤，高烧，颠簸……这无尽的苦难，铺成了一条怎样尸横遍野血肉模糊的路啊！小姑娘却用没有腿脚的下肢走过来了，留下一串串透明的小小脚印。她完成了从震惊、恐惧、否认、愤怒、孤独、抑郁到接受现实的阶段，她走得多么快啊，像一缕旷野中的清风，其速度是我们成年人都追赶不上的。

她还会有很多反复，很多磨难，但是，她的微笑告诉我们，这一切都会一页页翻过去，直到新的篇章翩然展开。

我就要出发到四川去，到绵阳去。6月1日，在北川中学有一场演讲。

先生说，绵阳是一座危城，余震，堰塞湖。如果发生了溃堤，你是第一批还是第二批撤离呢？

我说，你不用担心。我想和你说的只有一句话，万一发生了什么事，比如我死了（本来我想用“牺牲”这样庄严的字眼，又一想，一介草民，没那么高尚，还是老老实实地说“死”吧，简单明了），不管死相多么惨，这可不是我的责任，我也管不了那么多了。就算成了警匪电影中常说的那句“让你死得很难看”，我也是鞭长莫及无能为力了。我要告诉你的就是——请你坚信我在最后时分一定很安详，因为这是我愿意做的事。因为我已尽力。

2008年5月28日深夜

苦难不是牛痘疫苗

1997—1998年，几乎成了我的说话年。北大、清华、北京师范大学、北京外国语大学、中国协和医科大学、北京科技大学、首都师范大学、中医药大学……还有女子中学和北京八中的少年班，从北京到新疆，我都曾去和他们聊过天。

我之所以不喜欢把这种形式称作讲演，是因为自己的心理障碍。我害怕那个“演”字，觉得有几分虚拟与矫情。也许对在舞台上的演员，是正常事情，但对以笔为幕的我来说，更习惯在黎明或是夜半，独自枯索。

生平不会表演，也未曾当过教师，面对许多人说话，提前就会感到莫大压力。每逢答应了，要在某时某刻与众人会晤，前一天就惶惶不可终日。夜里也睡不好觉，仿佛面临一场莫测的考试。有时直到赶赴会场的路上，都不晓得自己将如何开头。

其实这种场合，拒绝是最简单的方法，过去多年，我恪守着说“不”。除非极熟识的朋友托到头上，百推无效，否则绝不答应出席。一天，女作家赵玫，一句话改变了我的看法。她说，不要拒绝大学生，他们是希望。

这种集体聊天大致分为两部分。前三分之二时间，由我主说。题目通常是“文学与人生”这类大得吓人的题目。题目大了，其实有好处，就是无论你怎样说都不会跑题。我私下里以为，同学们对从作家那里能听到些什么，期望值并不很高，一般来说比较宽容。我也乐得撒开来谈了。

后三分之一的时间，一般留作大家对话。纸条不断从会场的不同角落传上来，形态各异。有写满了字的整张作业纸，也有寥寥数语窄如柳眉的短笺。我满怀兴致地阅读它们，好像你对着大山呼唤了一声，片刻后收获连绵不绝的回音。每次讲演回来，都有成包的各色纸条回馈，纷纷扬扬。好似你从飘飘洒洒的冬夜，掬回一捧雪花。

我很喜欢这些字条，里面蕴涵着信息和挑战。时间久了，纸条聚得如山，偶尔翻看，仍会感到灼热与激荡。那是一些年轻的心的切片，固定着那些难忘的夜晚。不论日子过去多久，依然显示着清晰的思想脉络和蓬勃的生命力。

我也常常反思，自己在当时的氛围和倚马可待的回答中，是否诚挚友善和机智？

现在，我把一些字条，直录在这里。然后是我的回答。基本上是当时的想法，也许经过时间的沉淀，更有条理了一些。

问：您不愿当医生，可我最爱看您笔下的医生，这也曾让我一度非常想当医生。您笔下的医生医术都很高超，我觉得您当医生，也一定是个好医生。我总为您感到后悔。想问两个问题：（1）您后悔吗？（2）您认为作家是最适合您的职业吗？

此条来自清华大学。他们的纸条和别的大学的纸条有些微不同，基本上都用整张的纸，字也写得较大，感觉较为豪放。文科院校所用的纸条多半细小精致，字也文秀些。

答：我当医生的时候，医术一般，但我是一个比较负责任的医生。医生是一个对责任感要求非常严格的职业，甚至可以说，责任感与医术，是一个好医生飞翔的双翼。我当医生时，有一个习惯，也许可以算作爱好吧——愿意和病人谈话，耐心地倾听他们对自己痛苦的倾诉。我不喜欢那种医生，把诊断搞清后，就不屑于理睬病人，觉得病人只是一个悬挂疾病的衣架。我愿意尽我的所能，和气地深入浅出地向病人解释他的病情，同情他的疾苦……这不是很难的事情，但有些医生忽略了。

不当医生，我不后悔。因为这是我在没有外力胁迫的情况下，自觉自愿做出的选择。人一生能够从事自己所热爱的事业，是一种奢华的好运气。

问：您为什么没有起一个笔名？您若起一个笔名，将是什么样的？

此条来自北京大学。我直觉感到这是一个有志从事文学创作的女孩子。她的提问很内行，富有技术性。

答：在我还没有做好小说能够发表的心理准备的时候，它就发表了，多少有些令我措手不及。当时杂志社并没有人问我要不要用一个笔名，我也就不便说请把原稿上我的本名涂掉，换一个笔名，私下觉得那太给人添麻烦了（其实不复杂，但我不好意思说）。于是以精心策划的笔名面世的机会，稍纵即逝。当然到了发表第二篇稿子的时候，已从容些，有机会缓缓思忖一个笔名。但一旦开始具体操作，深深的忧虑攫住我——换了一个崭新的笔名，我的父母在感情上是否会接受？承认那个铅字组成的陌生字眼，就是他们原装的女儿？我拿不

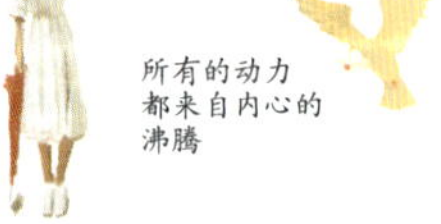

定主意，也没有勇气问他们，事情一耽搁，机遇就又过去了。我从小是一个很乐意让父母高兴的孩子，为了这份不完全空穴来风的忧虑，我终于坚定地不用笔名了。

如果我要起笔名的话，我要用一种矿物质或是金属的名称做笔名。我喜欢那种在亿万斯年的大自然当中，凝结的精华与漠然的力度的感觉，而且我觉得金属有特殊的壮丽。

问：您经历了那么多的坎坷，可无论是您的文学和您的话语，所表达的都是对生活的乐观和轻松，您认为这是一种经历了太多苦难后的宽容和超越，还是您并不认为有必要感受沉重？

这个纸条，记得是来自一位医学生，好像还是博士班的。我当时有些踌躇，不知如何解答是好。因为他（或她）似乎比我考虑得更成熟了。

答：我很坎坷吗？我不觉得啊。现在很多人讲到坎坷的时候，多用一种夸耀的口气或是潜藏着求人怜悯的企图，使我不爱说这个词。坎坷和顺利，似乎是反义词，其实都是生命的相对状态。至于顺利是否就是和快乐相连，坎坷是否就一定指向沉重？我以为并非必然。我们可以在顺利的时候愁容惨淡，也可以在苦难的时候欢颜一笑，关键在于我们把握命运的定力。

我不喜欢模拟苦难，无论是从理论上还是从实践上。我对人为地自造苦难，以考验他人的做法，深恶痛绝。人生的苦难，不是像牛痘疫苗一样的病毒提取物，植入皮肤，就可以终身预防天花了。我所看到的更多的事实是，苦难磨秃了人对美好事物的细腻感受力，削尖了利己损他的恶性竞争意识，使人变得粗糙和狠毒。苦难浪费了时间，剥夺了原应更富创造力的年华，迟滞了我们的步伐。

如果苦难一定要扑面而来，那就得镇静迎战了。这另当别论。

我所遇到的最好玩的一些问题，比如未来和幻想，事无巨细的提问和随心所欲的对话，来自少年们，特别是北京八中。那是一些十六七岁的男孩女孩，智商很高，天性活泼生动。马上就要参加高考了，竟然还有兴致邀我对话，说读过我的作品，想交流一下感受。

我力拒，理由很简单。我想象不出这些非凡的孩子会是怎样的精灵，不知和太聪明的孩子该如何讲话。万一不妥，戕害了祖国花朵，还是一些很优良的大花骨朵。闹得不好，我前脚刚走，后脚人家就得消毒。

但校方力邀，那位音色有些苍凉的老师，一口一个“不是我请您，是我的孩子请您”。

做了母亲的人，听不得人家说——我的孩子想如何如何……我痛苦地答应了。

所幸那是一群非常机灵可爱的少年，知识面极广，天上地下金戈铁马。我们讨论了很多问题，留下深刻记忆的是这样一张字条。

问：我考上大学一点问题都没有，但我不喜欢这件事，今年7月，我不想考啦！背许多没用的东西，瞎耽误工夫。顺便问您一句，您第一次稿费，钱多吗？干什么用了？

答：人一生，要干许多自己不喜欢的事。这一规则，以我的岁数和经历来看，可以倚老卖老地向你们说——是一条铁律。世上有些事，不是因为我们喜欢才去做，而是从长远看，从责任看，从发展看，必须做。

我同意你的观点，上大学没什么了不起。但它是一张门票，你领略更广阔的景色，你得有入场券。不必将它看得过重，也不可掉以轻

心。你既然一点问题都没有，不妨轻松过关，然后再按自己的意志，努力向前，走自己的路。

第一笔稿费钱不多，几万字的稿子，几百块钱，我把其中的一半寄给我父母，另一半买了书。妈妈说，汇款单到的那一天，她正在小路上散步，听人喊，你女儿把稿费寄来了，几乎流下眼泪。

第六辑

不要让他人
偷走你的梦想

我用一生的时间，

说明了一个道理，

人只要全力以赴地钻研某个问题，

就有可能最大限度地逼近它的真实。

盲人看

每逢下学的时候，附近的那所小学就有稠密的人群糊在铁门前，好似风暴前的蚁穴。那是家长等着接各自的孩童回家。

在远离人群的地方，有个人倚着毛白杨，悄无声息地站着，从不张望校门口。直到有一个孩子飞快地跑过来，拉着他说，爸，咱们回家。他把左手交给孩子，右手拄起盲杖，一同横穿马路。

多年前，这个盲人常蹲在路边，用二胡拉很哀伤的曲调。他技艺不好，琴也质劣，音符断断续续地抽噎，叫人听了只想快快远离。他面前的盛着零钱的破罐头盒，永远看得到锈蚀的罐底。我偶尔放一点儿钱进去，也是堵着耳朵到近前。

后来，他摆了一个小摊子，卖点儿手绢、袜子什么的，生意很淡。一天晚上，我回家，一下公共汽车，黑寂就包抄过来。原来这一片突然停电，连路灯都灭了，只有电线杆旁一束光柱如食指捅破星天。靠拢才见是那个盲人打了手电，在卖蜡烛、火柴，价钱很便宜。我赶紧买了一份，喜滋滋地觉着带回光明给亲人。

之后的某个白日，我又在路旁看到盲人，就气哼哼地走过去，说，你也不能趁着停电发这种不义之财啊！那天你卖的蜡烛算什么货

色啊？蜡烛油四下流，烫了我的手。烛捻儿一点儿也不亮，小得像个萤火虫尾巴。

他愣愣地把塌陷的眼窝对着我，半天才说，对不住，我……不知道……蜡烛的光……该有多大，萤火虫的尾巴……是多亮。那天听说停电，就赶紧批了蜡烛来卖。我只知道……黑了，难受。

我呆住了。那个漆黑的夜晚，即便烛火如豆，还是比完全的黑暗好了不知几多。一个盲人在为明眼人操劳，我还不分青红皂白地指责他，我好悔。

后来，我很长时间没到他的摊子买东西。确信他把我的声音忘掉之后，有一天，我买了一堆杂物，然后放下了五十块钱，对盲人说，不必找了。

我抱着那些东西，走了没几步，被他叫住了。大姐，你给我的是多少钱啊?

我说，是五十元。

他说，我从来没拿过这么大的票子。

见他先是平着指肚，后是立起掌根，反复摩挲钞票的正反面。

我说，这钱是真的。您放心。

他笑笑说，我从来没收到过假钱。谁要是欺负一个瞎子，他的心就先瞎了。我只是不能收您这么多钱，我是在做买卖啊。

我知道自己又一次错了。

不知他在哪里学了按摩，经济上渐渐有了起色，从乡下找了一个眼盲的姑娘，成了亲。一天，我到公园去，忽然看到他们夫妻相跟着，沿着花径在走。四周湖光山色美若仙境，我想，这对他们来讲，真是一种残酷。

所有的动力
都来自内心的
沸腾

闪过他们身旁的时候，听到盲夫有些炫耀地问，怎么样？我领你来这儿，景色不错吧？好好看看吧。

盲妻不服气地说，好像你看过似的。

盲夫很肯定地说，我看过，常来看的。

听一个盲人连连响亮地说出“看”这个字，叫人顿生悲凉，也觉出一些滑稽。

盲妻反唇相讥道，介绍人不是说你胎里瞎吗？啥时看到这里好景色的呢？

盲夫说，别人用眼看，咱可以用心看，用耳朵看，用手看，用鼻子看……加起来一点儿不比别人少啊。

他说着，用手捉了妻子的指，沿着粗糙的树皮攀上去，停在一片极小的叶子上，说，你看到了吗？多老的树，芽子也是嫩的。

那一瞬，我凛然一惊。世上有很多东西，看了如同未看，我们眼在神不在。记住并真正懂得的东西，必得被心房茧住啊。

后来盲夫妇有了果实，一个瞳仁亮如秋水的男孩。他渐渐长大，上了小学，盲人便天天接送。

初起那个孩童躲在盲人背后，跟着杖子走。慢慢胆子壮了，绿灯一亮，他就跳着要越过去。父亲总是死死拽住他，用盲杖戳着柏油路说，让我再听听，近处没有车轮声，我们才可动……

终有一天，孩子对父亲讲，爸，我给你带路吧。他拉起父亲，东张西望，然后一蹦一跳地越过地上的斑马线。于是盲人第一次提起他的盲杖，跟着目光如炬的孩子，无所顾忌地前行，脚步抬得高高，轻捷如飞。

孩子越来越大了。当明眼人都不再接送这么高的孩子时，盲人依旧每天倚在校旁的杨树下，等待着。

失却四肢的泳者

一位外国女孩，给我讲了这样一个故事。

举办残障人运动会，报名的时候，来了一个失却了双腿的人，说，我要参加游泳比赛。登记小姐很小心地询问，您在水里将怎样地游呢？失却双腿的人说，我会用双手游泳。

又来了一个失却了双臂的人，也要报名参加游泳比赛，小姐问，您将如何游呢？失却双臂的人说，我会用双脚游泳。

小姐刚给他们登记完了，来了一个既没有双腿也没有双臂，也就是说，整个失却了四肢的人，也要报名参加游泳比赛。小姐竭力镇静着自己，小声问，您将怎样游泳？那人笑嘻嘻地答道，我将用耳朵游泳。

他失却四肢的躯体好似圆滚滚的梭。由于长久的努力，他的耳朵硕大而强健，能十分灵活地扑动向前。下水试游，如同一枚鱼雷出膛，速度比常人还快。于是，知道底细的人们暗暗传说，一个伟大的世界纪录即将诞生。

正式比赛那天，人山人海。当失却四肢的人出现在跳台上的时候，简直山呼海啸。发令枪响了，运动员“砰砰”入水。一道道白箭推进，浪花迸溅，竟令人一时看不清英雄的所在。比赛的结果出来了，冠军是失却双臂的人，亚军是失却双腿的人。季军是……

英雄呢？没有人看到英雄在哪里，起码是在终点线的附近，找不着英雄独特的身姿。真奇怪，大家分明看到失却四肢的游泳者跳进水里了啊！

于是更多的人开始寻找，终于在起点附近摸到了英雄。他沉入水底，已经淹死了。在他的头上，戴着一顶鲜艳的游泳帽，遮住了耳朵。那是根据泳场规则，在比赛前由一位美丽的姑娘给他戴上的。

我曾把这故事讲给旁人听。听完之后的反应，形形色色。

有人说，那是一个阴谋。可能是哪个想夺冠军的人出的损招，扼杀了别人才能保住自己。

有人说，那个来送泳帽的人，如果不是一个漂亮的女孩子就好了，泳者就不会神魂颠倒。就算全世界的人都忘记了他的耳朵的功能，他也会保持清醒，拒绝戴那顶美丽杀人的帽子。

有人说，既然没了手和脚，就该安守本分，游什么泳呢？要知道水火无情，孤注一掷的时候，风险随时会将你吞没。

有人说，为什么要有这么个混帐的规则，游泳帽有什么作用？各行各业都有这种教条的规矩，不知害了多少人才，种种陋习何时才会终结？

我把这些议论告诉女孩儿，她说，干吗都是负面？这是一个笑话啊，虽然有一点深沉。当我们完整的时候，奋斗比较容易；当我们没有手的时候，我们可以用脚奋斗；当我们没有脚的时候，我们可以用手奋斗；当我们手和脚都没有的时候，我们可以用耳朵奋斗。

但是，即使在这时，我们依然有失败甚至完全毁灭的可能。很多英雄，在战胜了常人难以想象的艰难困苦后，并没有得到最后的成功。

凶手正是自己的耳朵——你最值得骄傲的本领。

美容师的作品

一家很有名的制造商，产品从服装到化妆品到无数精美的饰品。

一天，商家召开盛大的产品推销会，其中最有趣的项目是——造就绅士。他们聘用的高级美容师，从城市最肮脏的角落，找到了一个身材高大的流浪汉，衣衫褴褛面容晦暗。美容师先给他拍了照片，存档以观后效。接着便用芬芳的洗头液为他冲沐理发，用名牌剃须泡给他刮胡子，敷上一层又一层含有药物成分的润肤品、面霜和眼霜……打理清洁后，根据他的身高和肤色，选配了最适宜的衬衣、西装、领带，甚至还有一支很棒的手杖和一顶昂贵的帽子……

于是，众目睽睽之下，这个穷困潦倒颓败已极的莽汉，被商家的产品包装一新，成了仪表堂堂的绅士。在场的人叹为观止，公司的销售额飙升。

会后，某经理决定雇用这名容光焕发的绅士，约他第二天早晨报到，绅士点头答应了。但是，第二天早上，绅士没有来。经理决定耐心等下去，第三天第四天……绅士还是没来。经理就去流浪汉聚集的地方，终于找到了他。

绅士脸上长出了白而短的乱须，身上散发着恶浊的气味，西服、领带以及华美的帽子全不见了，或许被他换了酒喝。此刻他醉醺醺地躺在垃圾箱旁，只有那根手杖还枕在头下。

经理把他叫醒，说，美容师改变了你的外貌，但是他们没有改变你的内心。所以，你还是你啊。

改变一个人的外貌，也许几个小时就够了。美容师没有错，但改变一个人的精神，绝不是化妆品和纺织品能够胜任的。只有劳动和信仰，才能真正改变我们。

魔术师的铁钉

有一位非常有名的魔术师，当记者问起他成功的秘诀时，他带着记者，来到他平日演出的宏大剧场门口。记者以为他会走进富丽堂皇的大门，没想到，他领着记者来到了马路对面的一个下水道口。

你躺在这里，假设自己是在冬天的夜晚饥寒交迫，试试你能看到些什么？魔术师很和气地说。

记者屈身躺在地上，他闻到了下水道发出的恶臭，他看到了香喷喷的饭店和华美的商场，还看到无数的人腿在向着剧场走动，另外，有一截突出的窗台就在头顶侧方悬着，如同丑陋的屋檐。他边看边报告着，魔术师说，很好，你看得很全面。只是，在窗台的水泥上，请你看得再仔细一点，你还可以有所发现。

在魔术师的一再提示下，记者看到了窗台的下方，有一行模糊的字迹。他拼命瞪大眼睛，才辨识出那是魔术师的名字。

魔术师说，很多年前，我是一个乡下来的孩子。冬天，我蜷着身子躺在这里。你知道下水道口尽管恶臭，但比较暖和，从来不会结冰的。我看到了满天的星斗，知道明天更冷。我看到了食品和衣物，但我身无分文。我还看到了无数的人到对面的剧场去看演出。我萌生了一个梦想，有一天，我也要到这座辉煌的剧院里去，不是去看演出，是让别人看我的演出。这样想了之后，我就从地上捡起一根铁钉，用冻僵的手指，把自己的名字刻在水泥窗台上了……你问我为什么会成功，就这么简单。我用一根生锈的铁钉，把我的梦想刻在这里，每当我没有信心的时候，我就来到这里。当我离开的时候，勇气就重新灌满了胸膛。

分手的时候，记者对魔术师说，能否让我看看您那神奇的铁钉？魔术师说，可以。说完，他随手从地上捡起一根铁钉，说，喏，就是它了。铁钉并不重要，重要的是亲手刻下你的名字。

快乐之奖

一位悠闲的老人，守候在闹市区的一条繁华马路上。无数的行人从他身边匆匆掠过，如同群群鸥鸟飞越搁浅的轮船。老人睿智的目光巡视着众人的脸庞，不断地轻轻叹息。偶尔他会走到某位行人的面前，有礼貌地拦住他或她，悄声地说一句什么话，然后把一样东西塞进那人的手里，微笑着离开。

深夜了，老人回到一家俱乐部，对负责人说，我已经对每一个我确认的人，发放了奖金。

这是怎么回事？

原来这家富裕的俱乐部，突发奇想，拿出了一大笔钱，委派一位对人的表情很有研究的专家，到城市最繁华的地带守候一天，由专家判定的每一位快乐的人，会得到一笔奖金。

负责人说，唔，你做得很好。只是，我猜想，那笔钱，一定不够吧？

老人说，我连那些钱的一个零头都没有用完。整整一天，成千上万的人经过我面前，但是我能确认他是快乐的人，只有二十二名。

当我第一次看到这份资料的时候，十分诧异。正常人当中，快乐

所有的动力
都来自内心的
沸腾

的人是如此的稀少吗？当我带着这团疑问，开始观察周围的时候，才发现，答案果然令人震惊。围绕我们的，多是惆怅的脸，忧郁的脸，焦灼的脸，愤懑的脸，谄媚的脸，悲怆的脸，呆板的脸，苦恼的脸，委屈的脸，讨好的脸，严厉的脸，凶残的脸……

快乐的脸如此罕见，仿佛黄梅季节的阳光。快乐的脸不是孤立无援的面具，在它的后面，是一颗快乐的心在支撑。快乐的奖无法发放，真是一个悲剧。

我期待着有一天，到处是由衷快乐的欢笑的美好的脸，让那家俱乐部，发奖发得破了产。

柱子的弹性

有一个故事，说的是一根柱子，一根三百年前的柱子。那根柱子很坚固，支撑着一座宏伟的大厅。那座大厅很大，大到修建的时候没有人相信一根柱子就能支撑起沉重的穹顶。年轻的建筑师用了种种科学方程式来证实他的这根柱子是何等牢靠和坚固，足够应用。人们虽然不能反对他的公式，却可以反对由他来担当这座市政大厅的总设计师。

年轻的设计师面临一个选择。如果他坚持他的设计，他的设计就永远停留在纸上了。如果他变更他的设计，人们就看不到这根独撑穹顶的柱子了。设计师沉吟再三，修改了他的图纸，又添加了四根柱子。人们对这个更加稳妥的设计拍手叫好，据此建起了壮丽的大厦。

很多年过去了，年轻的设计师变成了墓碑，大地震袭击了城市。很多建筑都倒塌了。唯有具有五根柱子的市政大厅依然巍峨耸立。人们说，幸亏有五根柱子啊！

终于到了维修的时刻。人们惊讶地发现，除了最早设计的那根独撑天下的柱子，其余的四根柱子距离穹顶都有一道窄窄的间隙。也就是说，它们并不承接穹顶的重量，只是美丽的摆设。

于是人们惊叹这匪夷所思的设计，给予设计者以排山倒海的赞美，回答他们的只是墓草的摇曳。

设计师没有收获生前的称誉，但他收获了一根柱子。设计师是可以怒发冲冠一走了之的，但为了他的柱子的诞生，他妥协和避让了。设计师是可以在事成之后即刻就公布他的计谋的，但为了他的柱子无可辩驳的质地，他保持了宁静的缄默。设计师是可以在一份遗嘱或一部著作中表达他的先见和果敢的，但为了他的柱子的荣誉，他不再贪恋丝毫的浮华。设计师为了他的柱子，隐没在历史的尘埃中。

这是一根有弹性的柱子。它的设计者把自己的性格赋予了它，于是柱子比设计师活得更长久。

绿手指

美国某小镇，有一位老奶奶，长着“绿手指”。千万别以为她是个妖怪或有什么特异，这是当地人对好园丁的称赞。

一天，老人在报上看到一条消息，园艺所重金悬赏纯白金盏花。老奶奶想：金盏花，除了金色，就是棕色。白色的？不可思议。不过，我为什么不试试呢？

她对八个儿女讲了，遭到一致反对。大家说，你根本不懂种子遗传学，专家都不能完成的事，你这么大的年纪了，怎么可能呢？

老奶奶决心一个人干下去。她撒下金盏花的种子，精心侍弄。金盏花开了，全是橘黄的，老奶奶在中间挑选了一朵颜色稍淡的花，任其自然枯萎，以取得最好的种子，第二年把它们栽种下去。然后，再从花朵中挑选颜色浅淡的种子栽种……一年又一年，春种秋收循环往复，老奶奶从不沮丧怀疑，一直坚持。儿女远走了，丈夫去世了，生活中发生了很多的事，老奶奶处理完这些事之后，依然满怀信心地栽种金盏花……

二十年过去了。有一天早晨，她来到花园，看到一朵金盏花，开得奇特灿烂。它不是近乎白色，也不是很像白色，是如银如雪的

纯白。

她把一百粒种子寄给了那家二十年前悬赏的机构。她甚至不知道这则启事还是否有效，在这漫长的岁月里，是否早就有人培育出了纯白金盏花。

等待的日子长达一年，因为人们要用那些种子验证。终于，园艺所长打电话给老奶奶说，我们看到了你的花，它是雪白的。因为年代久远，资金不再兑现，您还有什么要求吗?

老奶奶对着听筒小声说，只想问一问，你们可还要黑色的金盏花?

第七辑

孤独地漫游，像一朵云

当你找到了适合自己的减压方式后，
胸中的块垒会松动出些微的空隙。
坚持下去，持之以恒，
那么也许在某一个清晨醒来的时候，
你会冲出压力的重围，
轻松地飞翔起来。

祝你在清晨飞翔

压力本来是一个物理上的词汇，比如气压、水压、风压……推广开来，医学上有“血压、脑压、颅内压”等，多属于专业领域，不料如今风云突变，压力成了高频词。

生活有压力，经济有压力，学业有压力，晋升有压力，人际关系有压力，情感世界有压力，婚姻也有压力……人们的交谈中，无不涉及林林总总的压力。压力已经像打翻了的汽油桶，弥散到现代人生活的各个领域，散发着浓烈的气味。我们躲不胜躲，防不胜防，不定在哪个瞬间，就燃起火焰。

其实适当的压力，是保持活性的重要条件。如果空气没有了压力，我们的呼吸就会衰竭；如果血液没有了压力，我们的四肢就会瘫痪；如果水管子没有了压力，那结果之伤感是任何一个住在高层楼房的人士都烂熟于心的，你将失去可饮可用的清洁的水。20 世纪的石油英雄王进喜也说过“井无压力不出油，人无压力不进步”的豪言壮语。

只是这压力须适度。比如冬日里柔柔的阳光照在身上，这是一种轻松的压力，让我们温暖和振奋。设想这压力增加十倍，那基本上就

成了吐鲁番酷热的夏季，大伙只有躲在地窖里才能过活。假如这压力继续增加，到了一百倍、一千倍的强度，结果就是焦炭一堆了。

现代人常常陷于压力构建的如焚困境之中。也许是某一方面的压力过强，也许是许多方面的压力综合在一起。如是后者，单独究其某一方面的压力，强度尚可容忍，但积少成多日积月累，细微的压力堆积起来，就成了如山的重负。金属都有疲劳的时候，遑论血肉之躯？如不减压，真怕有一天成了齑粉。

人们常常把读书称作“读闲书”，说的是人有了闲暇，才能静下心来读书。我建议忙人更要读书。你有必要在百忙之中再添一忙，那就是抽出时间读读有关压力的书。读完之后，百忙也许就缩减成了七十忙五十忙，你就有了喘息和伸展腰肢的时间。

寻找压力的种种成因，为扑朔迷离捉摸不定的压力画像，澄清我们对压力的模糊和迷惘之处，让折磨我们的压力毒蛇从林莽之中现形，让我们对压力的全貌和运转的轨迹，有较为详尽的了解。中国的兵法上有句古话，叫“知己知彼，百战不殆”，当你认识到了你所承受的压力的强度和种类，在某种程度上我们就已经钉住了压力的七寸。

如果你因压力忙到无力自拔，忙到昏天黑地，忘记了自己的生日和家人的团聚，忘掉了自己如此辛辛苦苦究竟是为了什么，如果你想改变，就试着了解压力吧。当你明白了压力的起承转合，找到了适合自己的减压方式之后，你的呼吸就会轻松一点，胸中的块垒也会松动出些微的空隙。坚持下去，持之以恒，那么也许在某一个清晨醒来的时候，你会冲出压力的重围，轻松地飞翔起来。

轻裘缓带

有一阵，我对各式各样能让自己放松的法子颇感兴趣。看了不少的书，听了若干的讲座，甚至还向别人传授过放松的技巧，以应对诸如考试时的大脑蓦然空白、马上就要上场讲演却遗忘了最重要的名称等窘迫的危机。应用的结果是有微效，但无显效。一种治标的法子是，利用身体和心理相辅相成的原理，以规定性的动作让肌肉松弛，期待着达到心境松弛的目的。想法是不错，只是难以百发百中。心理这个东西并不傻，它完全明了你的意图，是一个火眼金睛的上级指挥官。当你还没有开始动作的时候，它就前瞻到了。为什么你的心理会紧张到失措？必有迫它进入这种状态的强大潜在驱力，不针对这个驱力做釜底抽薪的功夫，只是一呼一吸地忙碌着你的肚皮，结果是扬汤止沸，可收一时之功效，却无根除之法力。

要把内心的紧张源探查清楚，那是一个大工程，也许需要专业人士的帮助。有一个针对身心紧张的小法子，就是着装上的轻裘缓带。服装是最贴近我们身体的小环境，如果它宽松舒缓轻柔随意，有助于安抚神经，酿造安然淡定的状态。轻裘缓带——你试着看看这几个字，是不是盯着盯着就有一种略带飘然的松弛感？

现代的服装太让人感觉紧张了。西服简直就是“笔挺”的同义词，如果你穿西服而又不够笔挺的话，意味着不是老土就是落魄。套装也是如此，最适宜的角度是穿着高跟鞋，略向前倾地谦恭地站着，面露职业的微笑。如果是匆匆上路或是伏案苦作，这衣服一定会让你落下膝颈酸痛的暗疾。至于各式各样的行业制服，按照标准一丝不苟地穿戴起来，更是如盔甲一般郑重了。

看看自然界的生物多么优哉：懒散的熊猫和逍遥的金丝猴，滑翔的鹰和遨游的虾，它们都是恬然而自在的。唯有松弛才可达久远，唯有松弛才能更深入地开放潜能。即使是凶猛的虎和狮，当它们不捕食的时候，也是安详和优雅的。

弱小的动物通常是忙碌的，比如蚂蚁，比如蜜蜂，比如老鼠和兔子……但它们绝不会钻进有形有款的外套，憋住自己的手脚，那样它们干起活来一定多了汗水（蚂蚁和蜜蜂出汗吗？一笑），逃跑起来一定少了胜算。越是辛劳，肢体越要随心所欲地动作，才会有更高的把握和更快的节奏。

如今，袒胸露臂的衣服多了，单从妨碍动作的角度，它对肌体是一种解放。但它和轻裘缓带还是有所差异，被暴露的肌肤有可能在他人的注目下紧张，因为暴露的目的常常就是为了得到瞩目和好评。所以，覆盖得很少并不一定就是轻松，也许潜藏的期许更让人不安。所有对外在评价的留意，都是紧张轴心的发源地。

轻裘缓带的衣服是越来越少了。纵使有，也被纳入了“休闲”和“家居”的范畴，似乎是不登大雅之堂的。其实，工作中为何不能轻裘缓带？要知道，轻裘缓带这个词最早出现在《晋书·羊祜传》中，描绘的是将士在军营中的衣着。“祜在军，常轻裘缓带，身不被甲。”

既然在森严的兵营中都可轻裘缓带，被紧张折磨的现代人，为什么不可徐缓一把呢？

如果你已经修炼到宠辱不惊，那么，穿什么都不重要，它都不会让你紧张。只是对于我这等道行不够之人，穿得宽松些，本身就是对紧张的挑战了。

“心”是

当我们预备讨论心事的时候，可能先要把“心”到底是个什么东西想一想。记得我小时候第一次学到“心”这个字，老师说，“心”是一把铁勺子，正在炒几颗豆。豆子会蹦啊，最后两颗豆子掉在了“心”外，只有一颗幸运豆留在了勺里。我至今感谢这位老师，把这个“心”字说得这般诱人，不单使当初蒙昧的我一下子就学会了写这个字，终身不曾忘记和写错它，而且常常忆起铁勺这个有趣的意象。

铁勺的容量是有限的，即使在寺庙饥年施粥的善举中，铁锅霸气十足，勺子却依然普通，循规蹈矩地蜷缩着，状若一拳（勺子若大了，粥就不够喝了）。人们常常举一句文豪的名言，说人的心比海洋、比天空还要博大，窃以为指的是宏伟幽深的冥想时刻，并非随时随地的状态。在万千纷常的日子里，人心就是一把锈迹斑斑的铁勺。

因为有锈，所以心要常常擦拭。我们的心会被各式各样含酸带碱的风雨浸淫，会被蛀出缝隙和生长阴霾。天气晴朗时，在阳光下晒晒心情，锈就会悄然遁去。美丽的大自然和相知的朋友，就是紫外线了。

每个人只有一把铁勺，每个人一生却要遭遇很多豆子。勺子承载的分量是有限的，不可以在勺子里灌注太多的水。哪怕水是掺了蜜糖的，也要有节制。中医有句箴言，叫作“大喜伤心”，说的就是过量的伤害。为了尊重这把勺子，我们要仔细地甄别放入勺子里的物件的数量。空无一物的勺子令人伤感，不堪重负被挤爆了的勺子也是悲剧。

然而再精明的甄选，也还是有一些我们不喜欢的豆子进入勺子。那可怎么办呢？有一个好法子，就是—— 炒。

炒我们的心事，把它们加热，把它们晾晒，在这个过程中，翻来覆去地斟酌，你是保存勺子还是姑息豆子？为了勺子的安宁，你要立决。思考不但指时间和力量的使用，同时标志着抽刀断水的杀伐。结果就是只留下那些最重要的豆子，而把其他的豆子扬出我们的视线。

这个程序想来是快乐的，其实充满了艰难和痛苦，每一颗豆子都不是无缘无故进入铁勺的，它们必和情感与理智有着千丝万缕的关联。甚至那些我们十分嫌恶的瘪豆子、被虫蛀过的病豆子，也在长久的摩挲和掂量中融入了我们的体温，令我们产生了割舍不下的惯性和依恋。然而，还是要“放下”，此刻需要的不仅是聪明，还有一往无前的勇敢。

把废豆子驱逐出铁勺，心就宽敞了，铁勺恢复了洁净与轻盈。新的豆子仿佛新的客人，姗姗来临。对于你的心事，你可不要忘了甄选和款待。

寻觅危险

在心理学家马斯洛先生的人的需要层次金字塔模式里，安全感是人类的基本需要之一。

记得在日本访问时，很惊讶普通民居的构造单薄。尤其是海边的房子，好像纸扎的灯笼，轻而蓬松，叫人怀疑稍大些的海风，就会把墙壁吹个透明窟窿。

我问日本人，你们这里多地震多火山多海啸什么的，如此稀松的房子，怎么抵御灾难，岂不是太不安全了吗？

日本人回答，正是因为多灾，我们的房子才造得很轻，一旦倒塌，也不会把人压死砸死，比钢筋铁骨的建筑反倒多一份安全。就像薄薄的鸡蛋壳，小鸡很容易钻出来。它看起来的不安全，其实倒是很安全的。

真叫人无话可说。

那年到处风传地震，我为自己和家人的安全焦虑，特向一位专事地震研究的朋友请教。她告诉我，地震发生的时候，你赶快跳到家中房屋的承重墙交叉的部位，那里通常比较坚固，即使倒塌也会有小的支撑空间可供躲避，以利等待救援。此秘诀闹得我和先生，像两个蹩

脚的工程师，在自己家中四处梭巡，彼此还意见分歧。他说这堵墙承重，我说可能是那一堵，吵得谁也不服谁，只好又向朋友讨教。她说，你们可以找到当年施工部门的图纸，对照辨认，岂不最有权威性了？这法子好是好，但实在太麻烦，我们只好不了了之。朋友是个尽责的人，后来又过问此事，我如实相告。朋友说，告诉你一个简单的法子，一旦山摇地动，你就躲到房屋内的卫生间，那个角落比较安全……从此我牢牢记住这一救命宝典，很长时间内，一进了卫生间，就敬畏有加，觉得在未来的某一天，全靠它的庇护啦！

后来我到了唐山，有一位大地震中的幸存者谆谆告诫我，大震时，要飞快地蹿到凉台上，这样可以在随后的余震中被甩到室外，安全系数较大。他当年就是如此才保住性命，而他躲在房中的家人，全部遇难。

我于是想象自己倘若遇到震灾，可能会在卫生间和凉台中上蹿下跳，坐失宝贵时间。

坐汽车，我因为晕车，总好坐在前面。但屡屡被人指教，只有司机后面的座位，才是全车中最保险的地方。因为据车祸中大难不死者的统计数据，证明在危机的时刻，司机会下意识地保全自己，所采取的紧急措施对自己的位置最为有利。我觉得这一提议上面，有一层相当龌龊的前提。那就是——司机以人的本能保护自己，你坐在司机后面，以他的身躯作为你的血肉长城……

灾难时，到底哪里最安全？我只做过如此不完善的小小调查，已是众说纷纭，看来，安全是个永恒的题目。在我们的生命里面，寻找安全，是集体无意识的顽强表现。

我便敬佩那些在危急的时刻，抛却自身的安全，奋勇地冲向危难的勇士。这不仅是道德和情操的高尚，更是人战胜自己天性的壮举。

比如消防人员的扑向火海，比如救护人员的攀登危楼，比如易燃易爆物品燃烧时的临危不惧，比如潜入冰水拯救遇溺者……无论对职业人员还是对见义勇为的普通公民，我相信，在那一瞬，都有生命本能的召唤和人生价值的实现两者碰撞的火焰。

如果为了一己的安全，自然是远离危险。我们的每一根头发，每一滴血液，都会提醒命令安排指挥我们这样做。人类的进化，使得躲避危险寻觅安全成了几乎与生俱来的能力。但是，为了他人的安全，为了崇高的职责，为了追求和理念，为了一种凌越本能的超拔，他们躲避安全寻觅危险……

这样的人，就达到了人的自我实现的顶峰，他们找到了本能之上的高贵的尊严。

钱的极点

小时候猜一道智力题，问：从地球上的什么地方出发，无论往哪里走，都是朝向南？答案是：北极。

现在无论同谁聊天，无论从哪说起，都会很快谈到钱。钱成了当今社会的极点。

钱给人的好处是太多了，而且有许多人由于钱不多，而享受不到钱的好处。人对于得不到的东西就需要想象，想象的规律一般是将真实的事物美化。比如说我们看到一位大眼睛戴口罩的女士，就会想她若摘了口罩，一定更是美丽动人。其实不然，口罩里很可能是一对龅牙，人家原是为了遮丑的。

我当过许多年的医生，虽是无钱之人，却凭医疗常识，想象钱的功能是有限的，理由从人的生理结构而来。

钱能买来山珍海味，可再大的富豪也只有一个胃。一个胃的容积就那么大，至多装上两三斤的食物，外加一罐扎啤，也就物满为患了。你要是愣往里揣，轻则是慢性胃炎，重了就是急性胃扩张，后者有生命危险呢。更不消说，长期的膏粱厚味，引起高胆固醇糖尿病等等。所以说那些因公而需长期大吃大喝的人，得了肥胖症，真是要算工伤的。

钱能买来绫罗绸缎。可再娇美的妇人也只有一副身段，一次只能向世人展现套在身体最外层的那套衣服。穿得太多了，就会捂出痱子。要是一天老换衣服，变成工作，就是时装模特了，和有钱人的初衷不符了。

再说人类延续种族愉悦自身的那个器官吧，更是严格遵循造物的规律，无论科学怎样进步，都不可能增补一套设备。假如无所节制，连原装的这一份都进入“绝对不应期”，且不用说那种种的秽病了。电线杆子上的那些招贴纸，是救不了命的。

人和动物在结构上实在是大同小异，从翩飞的蝴蝶到最小的蚂蚁，都有腹腔和眼睛。人和动物最大的区别就在于思想，而恰恰在这一面钢铁盾牌面前，金钱折断了蜡做的矛头。

比如理想，比如爱情，比如自由……都是金钱的盲点。它们可以因了金钱而卖出，却不会因了金钱而买进。金钱只是单向的低矮的闸门，永远无法积聚起情感的洪峰。

造物给予人的躯体是有限的，作为补偿，造物还人以无垠的精神。人的躯体的每一个细微之部，都是很容易满足的。你主观上想不满足，造物也不允许你。造物以此来制约人的物质的欲望，鼓励思想的飞翔。于是人类在有了果腹的兽肉和蔽体的树叶之后，就开始创造语言、绘画和音乐……积蓄了一代又一代的精华，于是我们有了文学，有了艺术，有了哲学的探讨和对宇宙的访问……那都是永无穷尽的奥妙啊，只要人类存在一天，就会上天入地披肝沥胆地寻找与提炼。

我们现在是站在钱的极点上，但我们很快就会离开它。人们在新的一轮物质需要满足之后，回过头来仍然要皈依精神。

精神是人类最大的财富。在远没有金钱之前，人类就开始了精神的求索。人类最终也许将消灭金钱，但毫无疑问的是人类的精神永存。

人心要有准则

别人不做你要求的事情，并不一定是因为他没有听懂你的话，他不跟从你，极有可能是因为他不想这样做。所以，你不必说了又说，那除了把自己变得琐碎不堪，别无益处。这时候，最好的方法就是让他自己去探索，即使头破血流，那也是成长必须付出的代价。

要学会拒绝而无内疚感。当我们拒绝他人的时候，常常容易引发强烈的内疚感，这会干扰决定。如果因为你的某个决定而伤害了某些人的利益，你不必内疚。内疚除了折磨自己，还会使人昏庸。

有时通往地狱的道路上，铺满了良好祝愿的地砖。这世界上悲惨的事情之一，就是善意成了悲剧的指路标。

有人把房子当成生活最好的原动力，这就像把金钱当成原动力一样，短视而荒唐。这两年，房子涨价，人人都会和房子有着千丝万缕的关联，房子俨然变成了家庭的一员，甚至是太上皇。房子不像金钱看起来那么令人眼花缭乱，当我们想起房子的时候，很快就联想到亲情、温暖、团聚、会餐……这个速度快到我们难以察觉，久而久之，很容易跨过房子的经济属性，直接进入温情脉脉的氛围，以为房子就是家人和天伦之乐的代名词。

哦，还是要分开。没有房子，固然令人惆怅，但我们依然可以在租来的狭小房子里享受人生的快乐。如果没有了心灵的对接，大的房子也有可能变成大溶洞一样空寥。

人心如果没有准则，一个有着丰富多样性和选择性的时代的降临，就是灾难。如同一条没有方向感的小舟遇到了东西南北风，你说它将驶往何处？物质太纷繁了，容易让人迷失。这不该谴责物质，只是要让心境更加清明。

顽强比坚强更重要

人对自己的生活，肯定是要有规划的。但当新的事件发生的时候，你要有能力修改自己的计划。当然了，我这里说的是比较短期的计划，而不是讲你的人生目标反反复复地变个不停。如果你不能放下已经规划好的生活，就无法迎接那些等待着你的新的生活。

走错了，能不能回到开始的那一点，重新开始？有的时候可以，大部分时候，不可以。因为你已经输掉了信任和时间。人不可能重新踏入同一条河流，更不要说同一个起点了。每一个变数都会影响发展的方向和进程，对此，我们要有充分的思想准备。

那些非常善于逃跑的人，第一次，跑就跑了吧。第二次，也容他再跑一次吧。但第三次，就不应该再放任自己或他人了。总是放弃，断没有前进。

创造力充沛的人，通常要有一颗小孩子一样的心，充满了好奇感。好奇这个品质，在小孩子是天然，在大人就需要刻意保持。我所说的刻意，不是让你处处装出大惊小怪的样子，而是一种发自内心的、探索这个世界的乐趣。这并不难，因为世界本来就充满了未知的领域，你只要不有意磨灭自己探索的眼光，好奇心就会像忠诚的宠

物，寸步不离。

要有幽默感。幽默感的产生来源于对自己的接纳，对人类境况的接受，而后就有了玩笑感。幽默应该是没有敌意的，有敌意的就叫作挖苦了。如果你不会幽默，这也没什么好自卑的，也不需要特意去学习。保持你原来的样子就好，不必太在意。

对一个成功的人来说，其实顽强比坚强更重要。“坚”的意思是摧不垮的，但是，顽强，除了硬度这一条，还特别强调了千百次的概念。

“顽”是什么意思？冥顽不化啊。相信自己，绝不改变。

放弃并不等于失败

放弃争夺，并不是拱手让别人赢，只是舍去和远离。我不和你们赛跑，并不表示自己的失败，只是说明我们没有开始比赛。

人生似乎离不开比赛，但其实，人生根本就不是比赛，你和谁都不需要比。如果一定要找到对手，那就是死亡，但结局已经注定，所以，这也不是比赛，只是过程。承认在某些问题上的无能为力，你反而可以把更多的力量投入真正可以取得成效的领域。

我年轻的时候，常常羞于说出自己已黔驴技穷。我总想挣扎，总以为凭着自己不懈的努力，可以扭转乾坤。现在，我这样坚持的时候越来越少了。我常常退却，因为我知道一己微弱，有时要暂时偃旗息鼓。但我不会放弃，不过是换了另一种节奏的步伐。

放弃并不等于失败，因为你没有参加比赛，所以那个结果与你无关。但放弃也不等于成功，因为你缺席了，结果是躲避和退让。如果是一次，可以算作一个策略；如果常常如此，你就在实际上放弃了多彩的人生。

人一生，不能不放弃。一次都不放弃的人生，是不现实的。起码你最后一次是放弃生命，你不想放弃也不行，有自然规律管着呢。在这之前，你还曾放弃过青春，放弃过健康，也可能放弃过理想，放弃过亲人……

不管你喜欢还是不喜欢，你必须放弃。放弃是一个强有力的席卷者，最后会将我们的一切都打包带走。所以，学会和放弃和平共处吧。你越早学会，越受益无穷，因为放弃不是失败，只是一个阶段。随着年龄的增长，我们的生命越来越由我们的选择来塑造。你活得越久，你的选择就越多，你越要小心地做出决定。但是，也不应该事事都放弃，你不能总是这样，那是懦夫和懒汉的哲学。

与寂寞共处

常常是心中很寂寞，说出口的却是词不达意的热闹。这个世界已经够喧哗的了，现在需要的只是静静面对内心。

需要别人确认，才觉得自己活着的人，必然会逃避寂寞。节省下来的时间，用来干什么？只好另外想办法来谋杀时间。

寂寞是一种悄然的存在，不要挑战它，也不要逃避，学着共处就是。

开会常常让我感到寂寞，喧嚣人群中的寂寞。不喜欢很多会议的场合，在那里听不到发自肺腑的声音，套话多。有些话像风一样地从耳边刮过，留不下任何印象。

也许是因为我年轻时在西藏当兵，营地在海拔五千米的高原之上，氧分压只有海平面的一半，对缺氧的感受十分敏感。会场里人一多，马上就感觉到缺氧，好像当年在雪原上跋涉的艰辛感觉又复活了，心中充满疲累。

这种时刻，我会不由自主地走出会场，到外面去呼吸新鲜空气。也不敢待的时间太久了，怕人家以为是对发言者、组织者的不敬。

我知道有些时候套话是一种必需，是一种人际关系和社会关系的润滑剂。这种润滑剂可不便宜，要用时间去购买，算得上是奢侈品了。

我是一个视时间为尊贵的人，实在不敢这样靡费，甘愿寂寞着。

第八辑

终有一粒种子
为你带来整个春天

如果你做不到一件事，

无论是搞好关系还是寻找爱人，

都是因为你还没有真正想做。

只要你想，

天地万物都会听从一个指令，

齐心协力地帮助你、提携你。

这指令，出自你的心。

大部分人
都想过自杀

我相信，大部分人都想过自杀，比如我自己。我并不觉得这很奇怪，人人生命中都可能有这样一刻，我们在考虑现在的生活还值不值得过下去。它出现的频率比设想的要多得多。很多人经常在考虑，第二天早上我还要不要起床？要不要面对如此繁杂的世界，延续如此恶劣的情绪？

有一阵子，电视台、广播电台采访我的时候，总是问我：听说您年轻的时候，在西藏，曾经想到过自杀？

我说，是啊，非常认真地想过。

主持人说，可以详细地讲讲吗？

我说，这次就不说了吧？我已经在别的节目里说过了。

主持人坚持说，这一段非常重要，连您这样的人都想过自杀，可见这样想的人太多了。可是大家一般都不愿意说。我只好又说一遍。人人都说西藏与灵魂有关，我觉得西藏与自杀有关。

台底下，主持人私下对我说，自己也曾想过自杀，只是没有勇气告诉别人。

我觉得连一次自杀都没想过的人，肯定凤毛麟角。自杀其实就是一种极度的退避和逃跑。因为无处可逃了，最后干脆把生命也彻底抛离。

当我年轻的时候，很多次想过自杀，甚至觉得这是一个最后的法宝。因为有了这样一个万无一失的法宝，反倒不再害怕生活的残酷。我现在很少想到自杀了，因为我越来越感到生命是如此的宝贵，我要好好地度过。即使是悲惨和疼痛，也证明生命依然灵敏地感知着、活跃着。

我接触过很多想要自杀的人。其中，有的人以一种“救世”的期待来毁灭自己的生命，怀抱着荒诞的希望，以为通过放弃自己的生命和幸福就可以保障和挽救其他人，尝试以自己的灾难和毁灭给别人带来平安。这无疑是非常不现实的。

自杀的人，诚然是可怜的。但究其目的，除了戕害自己以外，还有很多人，是希望以自己的死来惩戒他人，来挽救某种事态的颓势。我们自然不能对死者苛求更多，但这种死亡达不到目的是显而易见的。如果你确实无法忍受生的艰难，你要选择死亡，这是你的自由。但你企图以你自己的死来达到某种目的，就是临死还生活在迷幻之中。

你要想达到某种目的，只有靠自己的奋斗。想用自己的死启发别人来为你的理想而努力，是偷懒和愚蠢的一厢情愿。不要把自己都无力面对的现实黏附在他人身上，那是彻头彻尾的执迷不悟。

为生命找到意义

古代人常常专注于最基本的生存需求。日常生活天然地具备了提供精彩意义的能力。人们的生活是如此接近土地，每个人都毫不怀疑自己是大自然的一部分。他们耕地，播种，收获，烹调，生养小孩子，然后生病和死亡，最后回归泥土。他们很自然地展望未来，觉得未来是如此清晰，那就是——吃饱饭，子子孙孙地繁衍，实现一轮又一轮的更迭，如同能够每日每年看到的大自然的循环。他们对日月星辰、山川河流这类庞然大物有强烈的归属感，他们深深明白自己是家庭和族群不可或缺的一部分。对以上这种基本存在，从来不曾有过问号。

是啊，有谁能对一个埋头苦干的农夫字斟句酌地问，你这样辛苦是为了什么呢？他一定头也不抬地继续干活，对他来说，家里的妻儿老小和他自己的口粮，就在这劳作中生发着，这难道还用得着问吗？

可是，今天，这些意义消失了。都市化、工业化，让生活中少了和大自然血肉相依的关联。我们看不到星空，我们每个人几乎都脱离了世界的基本生命链。你焊接电脑上的一块线路板，你在股票市场卖出买进，可这和意义有什么关联呢？

我们有太多的时间提出更多的问题，我们必须面对自由的无情拷问，可是我们失去了参照物。

工作不再提供意义，一点儿创造力也没有，生养小孩也没有了意义，世界人口爆炸，也许不生养更有意义。

生命的意义是非常重要的心理架构，与每个人都有非常重要的关系。伟大的心理学家荣格说，我的病人大约有三分之一并不是罹患了任何临床可以定义的疾病，而只是因为生命没有意义，没有目标。

这个问题到了心理学家法兰克那里，有了升级版。他说，最少有百分之五十的来访者有这种问题——觉得生命没有意义。

萨特说过，人是一种徒劳无益的热情，我们的诞生毫无意义，死亡也没有意义。但萨特这样说完之后，在他自己的小说中又明确地肯定了意义的追求，包括在世界上寻找一个家、同志之谊、行动、自由、反对压迫、服务他人、启蒙、自我实现和参与。

在现在的情况下，为生命找到意义，就成了非常紧迫的任务。每个人要有一个自我的意义系统，包括行为准则：勇敢、高傲的反抗、友好的团结、爱、尘世的圣洁等。

锻造心情

心情好像一种很柔软的东西，经常因为自然界的风花雪月或是人世间的阴晴冷暖，剧烈波动着，蛛丝般震颤飘荡，无所依傍，哪里用得上“锻造”这样充满了金属音响的词呢？

心情于我们是那样重要。健康与美丽，如若没有一副好心情，犹如沙上建塔水中捞月，一切都无从谈起。心情与我们形影不离，不，它甚至比影子的追随还要固守得多。光不存在的时候，影子就藏在深深的暗中了。只有心情牢牢黏附在胸膛最隐秘的地方，坚定不移地陪伴着我们。快乐的人，在黑夜中也会绽出笑容；凄苦的人，即使睡着了，梦中也滴泪。

心情是心田的庄稼。只要心脏在跳动，心情就播种着，活跃着，生长着，更迭着，强有力地制约着我们的生存状态。可能没有爱情，没有自由，没有健康，没有金钱，但我们必有心情。

心情是我们的收割机呢。如果你懊丧，收获的就是退缩畏葸和一事无成。如果你落落寡合，只一味地倾诉苦难，朋友最终会离去，留你孑然面对孤灯。如果你昂扬，希望就永远微茫地闪动，激你前行。如果你百折不挠，生活每一次把你压扁，你都会充满了韧性和幽默地

弹跳而起，螺旋向上。如果你向每一丛绿树和鲜花打招呼，它们必会回报你欢笑与芬芳……

如果你渴望健康和美丽，如果你珍惜生命每一寸光阴，如果你愿为这世界增添晴朗和欢乐，如果你即使倒下也面向太阳，那么，请锻造心情。

它宁静而坚定，像火山爆发后凝固的岩浆，充满海绵状的孔隙又坚硬无比。它可以蕴涵人生的苦难，但绝不会被苦难所粉碎。它感应快乐的时候如丝如弦，体贴人间的每一分感动。它凝重时如锚如链，风暴中使巨轮安稳如磐。它在一次次精彩的淬火中，失去的是杂质，获得的是强韧。它延展着，包容着，被覆着我们裸露的神经，保卫着我们精神的海洋与天空。它是蓝色澄清的内心疆域，在那里栖息着我们永不疲倦的灵魂。

让我们的成品——沉稳宁静广博透明的心情，覆盖生命的每一个清晨和夜晚。从此不再因外界的风声鹤唳而瑟瑟发抖，不再因世间的荣辱得失而锱铢计较，不再因身体的顿挫不适而万念俱灰，不再因生命的瞬忽飘逝而惆怅莫名……

人生因此健康，因此壮丽。

生命中最重要的事

一位香港心脏科医生住进了医院的“深切治疗部”。“深切治疗”这个词是温煦的，但缝隙间有幽幽的冷风散了出来，让人感到病情的重笃。医生脱险后接受采访，记者问，一个人孤独地住在病房里，想了些什么？医生沉吟了一会儿说，想得最多的是，要把人生中最重要的事和一般的事分开，先做那些重要的事情。记者当然追问，你生命中最重要的事是什么呢？医生答，和我的家人在一起。

几天后，我又见到一位脚夫老人。大家都熟悉的陕北民歌“赶牲灵”，就是脚夫们走沟穿壑在高原上吼出的。他说“活着做遍，死了无怨”。意思是人活着的时候，把你想做的事都做了，就一生完满，活得够本，就可以安然死了。

医生是留洋博士，脚夫满面黄尘苍凉。不同层面的人，异曲同工的话，在突如其来的瘟疫背后，就有了哲学的味道。人是脆弱的，种种意外的蛰伏，使得能上天入地、能让电脑每秒钟运算若干亿次的现代人，却无法估算出每人大限到来的时刻。面对永恒困境，只剩下一个可行的方法，就是把那些我们以为最重要的事，抓紧做完。简言之，你要给生命排一个序。

什么是生命中最重要的事呢？夜深人静月朗星稀之时，每个人心平气和地想想：也许是事业有成，也许是周游世界，也许是孝顺父母，也许是舍己为人，也许是永远探索，也许是安分守己……我相信都会得出自己的答案。

寻找最重要的事情，其实就是寻找生命的价值——它是我们立下的宏愿，是你选定的主牌。有了它，一应事务的顺序就排出来了。现代人陷入日常的忙碌，无数细小而琐碎的事件，缭乱了我们的双眼，模糊了我们的视线，凝滞了我们的脚步，壅塞了我们的襟怀……现在，小小但却凶狠的病毒，抑缓了陀螺转动的速度，让我们被迫停步眺望。于是无数人像那位香港医生，在病榻的阴影下，情不自禁地思考起了顺序和意义。

病毒必被遏制，但人类对于自己生存状态的判断，却永不会终结。把你杂乱的牌阵理出顺序，把你最重要的事情放在首位，那就无论怎样邪恶的病毒，也扰乱不了我们澄清的心。

人生有三件事不可俭省

无论世界变得如何奢华，我还是喜欢俭省。这已经变得和金钱没有很密切的关系，只是一个习惯。我这样说，实在是因为俭省的机会其实很多，俯拾即是、遍地滋生。比如不论牙膏管子多么丰满，你只能在牙刷毛上挤出一点五到两厘米长的膏条，而不是一尺长，因为你用不了那么多，你不能把自己的嘴巴变成螃蟹聚会的洞穴。再比如无论你坐拥多少橱柜的衣服，当暑气蒸入的时候，你只能穿一件纯棉的T恤衫，如果把貂皮大衣捂在身上，轻则长满红肿热痛的痱毒，重了就会中暑倒地、一命呜呼。俭省比奢华要容易得多，是偷懒人的好伴侣——用最直截了当的方式和最小的代价直抵目标。

然而有三件事你不能俭省。

第一件事是学习。学习是需要费用的，就算圣人孔子，答疑解惑也要收干肉为礼。学习费用支出的时候，和买卖其他货物略有不同。你不知道究竟能得到多少知识，这不单决定于老师的水平，也决定于你自己的状态，这在某种情况下就有点“隔山买牛”的味道，甚至比股票的风险还大。谁也不能保证你在付出了学费之后一定能考上大学，你只能先期投入。机遇是牵着婚纱的小童，如果你不学习，新娘就永远不会出现在你人生的殿堂。

第二件事是旅游。每个人出生的时候都是蝌蚪，长大了都变作井底之蛙。这不是你的过错，只是你的局限，但你要想法弥补，要了解世界，必须到远方去。旅游是需要花钱的，这谁都知道。旅游的好处却不是一眼就能看到的，常常需要日积月累、潜移默化的蓄积。有人以为旅游只是照一些相片买一些小小的工艺品，其实不然。旅行让我们的身体感受到不同的风和水，我们的头脑也在不同风土人情的滋养下变得机敏，目光因此多彩，谈吐因此谦逊。

第三件事情是锻炼身体。原始人没有专门锻炼身体的习惯，饥一顿饱一顿全无赘肉。生存的需要逼得他们不停奔跑狩猎，闲暇的时候就装神弄鬼，在岩壁上凿画，在篝火边跳舞，都不是轻体力劳动，积攒不下多余的卡路里。社会进步了，物质丰富了，用不完的热量成了我们挥之不去的负担。于是要人为地在机器上跋涉，在残余氯气的池子里浮沉，在人造的雪和冰面上打滚，在水泥峭壁上攀爬……这真是愚蠢的奢侈啊，可我们没有办法，只有不间断地投入金钱，操练羸弱的肌肉和骨骼，才能保持最起码的力量和最基本的敏捷。

有没有省钱的方法呢？其实也是有的。把人生当作课堂，向一切人学习，就省了上学的钱。徒步到远方去，就省了旅游的钱。不用任何健身器械，就在家里踢毽子、高抬腿、做广播体操……就省了健身的钱。

然而，这也是破费，因为我们付出了时间。

决定日月，决定悲喜

别听信那些说年轻有多么美好的话儿，听了也千万不要当真。

青春时，你一无所有，有的只是特别敏感的神经和特别匮乏的机遇。当然，还有双手和大脑。

不要津津乐道那些贵人相助云开雾散的故事。那是极小概率的事件，而你，不过是大概率当中的一员。养成自甘普通的心态非常重要，可以让你一辈子宠辱不惊。有道是由俭入奢易，由奢入俭难。认定自己是普通人，就是情绪上的勤俭持家。偶遇常人难以企及的好运，就是人生的奢侈。不用怕自己适应不了天降祥瑞，就提前天天一厢情愿地预演美事。白日梦做多了，容易怨天尤人走火入魔。

不要对比，滋生沮丧。人和人是不一样的。比父母，你如处在低等阶层，就会生出父母不如人的怨气。而我们永远不能怨恨父母将我们生出，生命神圣。比相貌，假如你不是国色天香潘安再世，就会生出自卑心理。相貌是不可改变的，你必须接受天然的模样，从此泰然处之。比学历，假如你不够高，你可以继续努力读书。假如你所热爱的事务，主要需从实践中学习，那你就不必拘泥于一纸文书，你可以努力让自己成为这一行的佼佼者，再去教导后人。比房子大小，更是

和动物撒尿圈领地属于同等级别，是没有品位的事情。你知道史上那些英雄豪杰住过的房子是多少平方米吗？如果你不知道，那就证明这件事不能青史留名。也许你说你是普通人和青史无干，那就更没有必要在这件事情上攀比了。从环保的角度讲，人不应该霸占那么大的地方，留给别人空间，是一种大修养。

年轻人常常感觉很无助，无助的根源就在于比较。只要你收起了比较，你就享得了最基本的自由。

年轻时神经非常敏锐，感官非常丰富。一切痛苦都会被放大，令你哀痛难熬。一切欢乐又那么稍纵即逝，令你惆怅惋惜。你常常以为，当你拥有了某些东西，比如业绩，比如融进一个城市，比如住在豪宅，比如提升到某个职务，比如获得了某个奖励，比如娶了美女或是嫁了高富帅……从此你就掉到蜜罐里永无痛楚。但真实的情况是，你拥有了那些东西之后，忧愁依然在，茫然依然在，唯一不在的是你的耐心。

我看过一个资料，说是这世界上真正有作为的专家，要对所操行业达到专精，至少要经过一万小时以上的学习或是训练。关于天赋和师资等条件咱们姑且不论，单是时间，就漫长到绝望。按每日五小时浸淫其中（专注的时间太长，反倒没有效率。此处指的是全神贯注的高质量学习），要两千天。按照每年两百个工作日计算，需整整十年。

十年！足以让一个血气方刚的青年，变成沉着稳重的中年。

年轻时磨炼之意义，就在于因为这过程你经历过，就在于你终于知道它的转归。你必须有耐心，在看起来毫无希望的时候，不急于求成。举个自己的例子，很多我年轻时在意的东西，现在已经褪去颜色。我在意过生死，当我距离它尚远的时候，噤若寒蝉。当我离它更

近的时候，反倒从容。我在意过名次，现在索性不参加比赛了，怡然耕耘的人，汗水之外，两袖清风。我在意过朋友的多寡，现在才知道，有一些人当初就不是为了友谊而来，如落叶遇到风霜，散去本是正常。不变的是我的人生，越来越静谧。

年轻时多选择，每个选择都通往不同的道路，每逢选择时就会不安，生怕一招不慎，满盘皆输。比如，在街头一间不算太大的超市里，共有超过两万五千多种可供你选择。只要你乐意购买，有将近一万份杂志和期刊可供你阅读。你还可以选择收看几百个电视台的任何一个频道。更不用说打开电脑，有海量的信息如原始时期的大洪水扑来，可以将你淹得两眼翻白。

不用那么紧张。

只要你的选择和你的人生大方向相一致，你的基本价值观是真善美的，那么，就不会犯原则性的错误，这就是年轻的好处，走错了，你可以重新再来。如果因为怕犯错误而驻足不前，那才是枉费了青春，犯了最大的错误。

年轻的时候，你除了可以决定自己的方向和选择之外，再就是可以决定心情。你会没有很多东西，但你一定有自己的心情。你不能改变很多东西，但你一定能改变自己的心情。所以，你可以决定日月，决定悲喜。

你或许要说，日和月，多么光芒万丈的天体，我哪里就能决定它们呢？别着急，日和月合在一起，是什么？是明天的“明”字啊。通过努力，我们可以把握自己的明天，让自己开始喜悦的清晨。

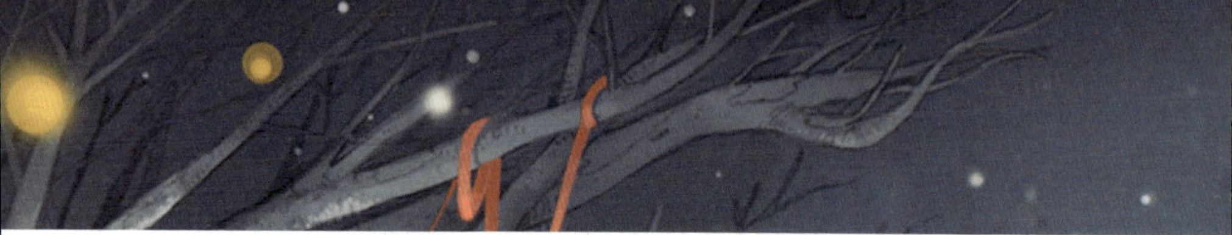

跋 · 所有的动力都来自内心的沸腾

一个人躺在地上，如果他不想起来，那么十个人也拉不起他来，即使起来了，他也马上会趴下。

所有的动力都来自内心的沸腾。如果你做不到一件事，无论是搞好关系还是寻找爱人或者减肥，都是因为还没有真正想做。

这是一个很有意义的心理小游戏。来，集合起十来个人，然后找一个人来扮演那个躺在地上的人。不用找体重特别沉的，那样容易影响咱们这个游戏的真实感。请这位朋友赖在地上，大家用尽全力把他拽起来。

我见过三十个人都拉不起一个人的情景。我本来在上文中想写这个数字，但又怕大家觉得太夸张了，就写了十来个人。这是千真万确的。只要你不想起来，没有人能把你拉起来。心理上的问题也是一样的，只要你没想通，你不是真的心服口服，那么，无论外界多么努力，都是劳而无功。

女子当妈妈，对待自己的孩子时，要记得这个游戏。他虽然小，也有自己的独立意志，你要把道理给他讲清楚，而且要让他明白这样做的目的是什么。有人会觉得孩子还小，没必要讲那么多。可是，成长是一个逐渐发生的过程，你不能在一颗幼小的心里种下强权的种子。以理服人而不是以力服人，这是从小就要养成的习惯。

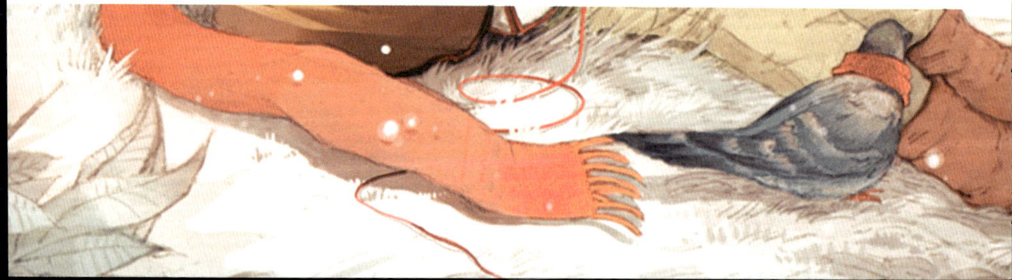

你举目四望，很容易就能发现：很多人的生理上的需求得到了满足，但他们仍然不满意，奔突不止，骚动不宁，缺少一种能使他生机勃勃的动力，欠缺稳定祥和。像这样缺少主动性的生活，无论表面上多么风光，都是不值得羡慕的。

那种使自己变得生机勃勃的动力是什么呢？谁来回答你呢？谁来帮你寻找呢？谁为你一锤定音？没有别人，只有你自己。只有当理想的光芒照耀着我们，而且它和广大人群的福祉相连，我们才会有大的安宁和勇气。

你可曾体会到种子的疼痛？那种挣开包锁自己的硬壳，顶出板结的土壤的苦难，对一个柔弱的芽来说，可以说是顶天立地的壮举。一个人觉醒时的力量，应该大于一粒种子啊！

有些人把梦想变成现实，有些人把现实变成了梦想。关键是，你的梦想是什么，你为你的梦想做了什么。

有梦想，就不会寂寞。当你寂寞的时候，只要招招手，你的梦想就飞到了你身边。剩下的事，就是琢磨怎样把梦想变成行动了。

毕淑敏
2016.8.20 北京

（京）新登字 083 号

图书在版编目（CIP）数据

所有的动力都来自内心的沸腾 / 毕淑敏著 .—北京：中国青年出版社，2016.10
（青春读书课）
ISBN 978-7-5153-4440-9

I. ①所… II. ①毕… III. ①散文集－中国－当代 IV. ① I267

中国版本图书馆 CIP 数据核字（2016）第 201446 号

所有的动力都来自内心的沸腾

毕淑敏 著

策　　划：李钊平
责任编辑：彭慧芝　刘　莹
内文插图：花生坚壳　咖啡色
装帧设计：今亮后声 HOPESOUND pankouyugu@163.com
出版发行：中国青年出版社
社　　址：北京东四十二条 21 号
网　　址：www.cyp.com.cn
编辑中心：010-57350371
营销中心：010-57350370
印　　装：鸿博昊天科技有限公司
经　　销：新华书店
规　　格：880 mm × 1230 mm　1/32
印　　张：9
字　　数：200 千
版　　次：2016 年 10 月北京第 1 版
印　　次：2016 年 10 月北京第 1 次印刷
印　　数：1-20000 册
定　　价：32.00 元